www.tredition.de

AF196444

Thomas Wedel

50 effektive MAHNBRIEFE

Mit vielen strategischen Tipps
So kommen Sie schnell an Ihr Geld

© 2020 Dr. Thomas Wedel

Layout, Cover: Dr. Matthias Feldbaum, Augsburg

Coverabbildung: studio v-zwoelf – stock.adobe.com

Verlag und Druck:
tredition GmbH, Halenreie 40–44, 22359 Hamburg

ISBN
Paperback: 978-3-347-02451-9
E-Book: 978-3-347-02452-6

Das Werk, einschließlich seiner Teile, ist urheberrechtlich geschützt. Jede Verwertung ist ohne Zustimmung des Verlages und des Autors unzulässig. Dies gilt insbesondere für die elektronische oder sonstige Vervielfältigung, Übersetzung, Verbreitung und öffentliche Zugänglichmachung.
Bibliografische Information der Deutschen Nationalbibliothek: Die Deutsche Nationalbibliothek verzeichnet diese Publikation in der Deutschen Nationalbibliografie; detaillierte bibliografische Daten sind im Internet über http://dnb.d-nb.de abrufbar.

Inhalt

So machen Sie Ihre Außenstände zu Geld

Dieser Ratgeber vermittelt das für eine effektive Forderungseinziehung notwendige rechtliche und strategische Know-how.

Die umfangreiche Sammlung an praxisbewährten Musterbriefen eignet sich als zeitsparende Arbeitshilfe für Ihre Mahnkorrespondenz. Wählen Sie dazu für Ihren konkreten Einzelfall den am besten geeigneten Mahnbrief aus – von der 1. bis zur 3. Mahnstufe.

Zu diesem Thema biete ich zudem einen staatlich zugelassenen Fernlehrgang an, mit anschließender Möglichkeit, den Abschluss zum/zur Fachmann/Fachfrau für Forderungsmanagement (FUW) zu erwerben. Nähere Informationen unter: www.ra-dr-wedel.de

Ich wünsche Ihnen viel Erfolg beim Einziehen Ihrer Außenstände.

Dr. Thomas Wedel

Rechtliche Grundlagen

Anspruch und Fälligkeit

§ 194 BGB definiert, was ein Anspruch ist: Das Recht, von einem anderen ein Tun oder ein Unterlassen zu verlangen.

Ein Geldanspruch bzw. eine Geldforderung entsteht entweder kraft Gesetzes (z. B. Unterhaltsanspruch von Kindern gegen ihre Eltern), zumeist jedoch aus vertraglichen Vereinbarungen, beispielsweise aus einem Kaufvertrag.

Im bürgerlichen Recht gilt der Grundsatz der Vertragsfreiheit, das heißt es steht – von Ausnahmefällen abgesehen – jedermann frei, ob und zu welchen Bedingungen er einen Vertrag abschließen will.

Hierzu und zu weiteren Absicherungsmöglichkeiten bzw. -maßnahmen, wie vorteilhaften Klauseln und Besicherung, vergleichen Sie bitte die Ausführungen in Kapitel 5.

Wichtig: Grundvoraussetzung für das Vorliegen einer später auch rechtlich problemlos durchsetzbaren Forderung ist zunächst, dass ein voll wirksamer Anspruch vorliegt, das heißt der Inhalt der zu erbringenden Leistung muss bestimmt bzw. zumindest eindeutig bestimmbar sein und es dürfen keine Mängel bei Vertragsabschluss vorliegen, wie fehlende Rechts- oder Geschäftsfähigkeit (z. B. wegen Minderjährigkeit), Sittenwidrigkeit des Vertrags, wirksame Anfechtung (z. B. wegen Willensmängeln oder wegen arglistiger Täuschung) oder Verstoß gegen Formvorschriften.

Praxis-Tipp:

Verträge, bei denen man – wie es in der Regel der Fall ist – selbst vorleisten muss, etwa bei der Warenlieferung, sollten grundsätzlich nur mit zahlungsfähigen und zahlungswilligen Personen abgeschlossen werden. Gegebenenfalls ist eine Bonitätsprüfung vorzunehmen.

Zu Leistungsverweigerungsrechten wie Mängeleinrede oder Einrede der Verjährung finden Sie später in diesem Kapitel noch genauere Informationen.

Fälligkeit

Weiterhin ist zu beachten, dass der Gläubiger vom Schuldner Zahlung erst dann verlangen kann, wenn der Anspruch fällig geworden ist.

Hierzu bestimmt § 271 BGB grundsätzlich, dass der Gläubiger die Leistung sofort verlangen und der Schuldner sie sofort bewirken kann, wenn eine Zeit für die Leistung weder bestimmt noch aus den Umständen zu entnehmen ist.

Im Normalfall greift diese Bestimmung jedoch nicht, da vertragliche Vereinbarungen oder besondere gesetzliche Vorschriften über die Leistungszeit vorgehen.

Zum Leistungs- bzw. Zahlungsort ist in erster Linie die getroffene Vereinbarung maßgebend. Im Zweifel hat der Schuldner gemäß § 270 BGB Geld auf seine Gefahr und seine Kosten dem Gläubiger an dessen Wohnsitz zu übermitteln. Die Art der Übermittlung wird, wenn Parteiabreden fehlen, vom Schuldner bestimmt.

Zur Schuldtilgung durch Überweisung ist der Schuldner dann berechtigt, wenn der Gläubiger sein Konto durch Aufdruck auf Briefen, Rechnungen oder dergleichen bekannt gegeben oder in der Vergangenheit vorgenommene Überweisungen widerspruchslos hingenommen hat. Ob ein Gläubiger zur Entgegennahme eines Schecks verpflichtet ist, ist eine Frage der Auslegung im Einzelfall.

Wichtig: Für die Frage der Rechtzeitigkeit der Zahlung kommt es nicht auf den Zeitpunkt des Leistungserfolgs, sondern darauf an, wann der Schuldner das zur Übermittlung des Geldes seinerseits Erforderliche getan hat.

Wird die Zahlung zum Beispiel durch Überweisung vorgenommen, ist Rechtzeitigkeit zu bejahen, wenn der Überweisungsauftrag vor Fristablauf bei dem Geldinstitut eingegangen ist und das Konto gedeckt war.

Schuldnerverzug

Der Schuldnerverzug ist seit 01.01.2002 gesetzlich neu geregelt in den § 280, 286 ff. BGB. § 286 BGB lautet nun wie folgt:

§ 286 Verzug des Schuldners

(1) Leistet der Schuldner auf eine Mahnung des Gläubigers nicht, die nach dem Eintritt der Fälligkeit erfolgt, so kommt er durch die Mahnung in Verzug. Der Mahnung stehen die Erhebung der Klage auf die Leistung sowie die Zustellung eines Mahnbescheids im Mahnverfahren gleich.

(2) Der Mahnung bedarf es nicht, wenn

1. für die Leistung eine Zeit nach dem Kalender bestimmt ist,

2. der Leistung ein Ereignis vorauszugehen hat und eine angemessene Zeit für die Leistung in der Weise bestimmt ist, dass sie sich von dem Ereignis an nach dem Kalender berechnen lässt,

3. der Schuldner die Leistung ernsthaft und endgültig verweigert,

4. aus besonderen Gründen unter Abwägung der beiderseitigen Interessen der sofortige Eintritt des Verzugs gerechtfertigt ist.

(3) Der Schuldner einer Entgeltforderung kommt spätestens in Verzug, wenn er nicht innerhalb von 30 Tagen nach Fälligkeit und Zugang einer Rechnung oder gleichwertigen Zahlungsaufstellung leistet; dies gilt gegenüber einem Schuldner, der Verbraucher ist, nur, wenn auf diese Folgen in der Rechnung oder Zahlungsaufstellung besonders hingewiesen worden ist. Wenn der Zeitpunkt des Zugangs der Rechnung oder Zahlungsaufstellung unsicher ist, kommt der Schuldner, der nicht Verbraucher ist, spätestens 30 Tage nach Fälligkeit und Empfang der Gegenleistung in Verzug.

(4) Der Schuldner kommt nicht in Verzug, solange die Leistung infolge eines Umstands unterbleibt, den er nicht zu vertreten hat.

(5) Für eine von den Absätzen 1 bis 3 abweichende Vereinbarung über den Eintritt des Verzugs gilt § 271a Absatz 1 bis 5 entsprechend.

Voraussetzungen des Schuldnerverzugs

Voll wirksamer Anspruch

Die Voraussetzung der Vollwirksamkeit ist zwar in § 286 BGB nicht ausdrücklich erwähnt. Es versteht sich jedoch begrifflich von selbst, dass der Schuldner dem Gläubiger seine Leistung nur dann

„rechtswidrig" vorenthält, wenn er zur Erbringung der Leistung von Rechts wegen verpflichtet ist.

Der Anspruch muss voll wirksam entstanden und durchsetzbar sein, das heißt es dürfen keine Mängel bei Vertragsabschluss vorliegen und ihm insbesondere keine dauernden oder aufschiebenden Einreden entgegenstehen (z. B. Verjährungseinrede, Mängeleinrede).

Steht dem Anspruch beispielsweise die Einrede der Verjährung entgegen, kommt der Schuldner, selbst wenn er sich zunächst nicht auf die Einrede beruft, nicht in Verzug.

Fälligkeit des Anspruchs

Die Erteilung einer Rechnung ist grundsätzlich keine Fälligkeitsvoraussetzung, außer wenn der Schuldner erst aus der Rechnung ersehen kann, welchen Betrag er zu zahlen hat, was allerdings nicht selten der Fall sein wird.

Mit Sonderregelungen kann die Fälligkeit auch bis zum Zugang einer Rechnung hinausgeschoben werden.

Die Fälligkeit wird insbesondere durch eine vertragliche Bestimmung der Leistungszeit festgelegt, zum Beispiel durch die Benennung eines kalendermäßig bestimmten Termins. Für ein Entnehmen der Leistungszeit aus den Umständen sind zu berücksichtigen:

* die Art (Natur) des Schuldverhältnisses

* die Verkehrssitte

* die Beschaffenheit der Leistung (§ 271 Abs. 1 BGB)

Liegt keine der beiden Alternativen vor, hat der Schuldner sofort zu zahlen.

Wichtig: § 271 BGB tritt zurück, wenn die Leistungszeit durch gesetzliche Sonderregeln festgesetzt ist, beispielsweise beim Dienstvertrag § 614 BGB, beim Werkvertrag § 641 BGB, beim Darlehen § 608 ff. BGB.

Achtung: Ein Hinausschieben der Leistungszeit (z. B. Stundung) wirkt im Zweifel nur zugunsten des Schuldners. Er muss nicht, darf jedoch schon vor dem Fälligwerden der Forderung leisten (§ 271 Abs. 2 BGB).

Eine Mahnung des Gläubigers

Mahnung bedeutet eine eindeutige und bestimmte Aufforderung des Gläubigers an den Schuldner, die fällige Leistung zu erbringen, das heißt bei Geldforderungen den konkret bezeichneten Betrag zuzahlen.

Der Gläubiger muss somit eindeutig und bestimmt zum Ausdruck bringen, dass er die geschuldete Leistung fordert. Eine Fristsetzung ist dabei nicht zwingend erforderlich, es bedarf auch nicht unbedingt der Androhung bestimmter Folgen. Nicht ausreichend wären jedenfalls Formulierungen wie: „Für ... wäre ich Ihnen sehr dankbar." oder: „Der Leistung wird gerne entgegengesehen."

Praxis-Tipp:
Eine allzu große Höflichkeit ist jedenfalls bei der verzugsbegründenden Mahnung nicht angebracht, da sonst das Vorliegen einer eindeutigen und bestimmten Aufforderung verneint werden könnte.

Wenn im Vertrag oder in der Rechnung keine Zahlungsfrist gesetzt worden ist, sollte dies gerade bei Verwendung der in Kapitel 3 genannten Formulierungsbeispiele unbedingt berücksichtigt werden!

Wichtig: Die Mahnung ist grundsätzlich nicht formbedürftig, das heißt sie kann theoretisch auch mündlich oder konkludent (stillschweigend) erfolgen.

So wird zum Beispiel als Mahnung auch die Übersendung einer zweiten oder dritten Rechnung oder einer ausgefüllten Zahlkarte gewertet.

Aus Beweisgründen ist allerdings die Regelform der Mahnung, die schriftliche Mahnung (siehe Kapitel 2) zu empfehlen.

Die Mahnung muss dem Schuldner zugehen, das heißt so in seinen Machtbereich gelangen, dass unter normalen Verhältnissen damit zu rechnen ist, dass er von ihr Kenntnis erlangt. Der Einwurf in einen Briefkasten bewirkt den Zugang, sobald nach der Verkehrsanschauung mit der nächsten Entnahme zu rechnen ist.

Achtung: Für den Zugang eines Schriftstücks, auch für den Zugang der Mahnung, ist grundsätzlich der Absender beweispflichtig, wobei der zu beweisende Zugang nicht durch den Nachweis der Absendung ersetzt werden kann. Im Streitfall würde daher selbst eine eindeutige Zeugenaussage über das Absenden einer Mahnung nicht als Beweis für deren Zugang ausreichen, falls der Schuldner den Erhalt der Mahnung bestreitet.

Selbst die Versendung des Briefs per Einschreiben begründet nach der Rechtsprechung keinen Anscheinsbeweis dafür, dass dieses Schreiben dem Empfänger auch zugegangen ist.

Eine Einschreibequittung beweist eigentlich nur die Aufgabe eines Schreibens an einem bestimmten Tage bei der Post, wobei nicht einmal der Inhalt des Schreibens aus der Quittung hervorgeht.

Demnach gibt es aufgrund einer Einschreibequittung keinen Beweis des ersten Anscheins dafür, dass

- die Einschreibequittung sich auf ein Schreiben bestimmten Inhalts bezieht und

- ein Schreiben bestimmten Inhalts auch zugestellt wurde.

Selbst ein Einschreiben mit Rückschein beweist im Grunde nur den Zugang eines Kuverts, das beispielsweise auch leer gewesen sein könnte. (Was der gewiefte Schuldner im Streitfall natürlich auch behaupten könnte!)

Achtung: Ein Vertragspartner, der mit einer Willenserklärung rechnet, hat schließlich noch die Möglichkeit bei der Postzustellung (absichtlich) nicht anwesend zu sein und dann zu leugnen, dass er über den vergeblichen Zustellungsversuch durch einen Benachrichtigungszettel informiert worden sei. Im Übrigen ersetzt natürlich selbst der (nachgewiesene) Zugang des Benachrichtigungszettels bei Abwesenheit nicht den Zugang des Einschreibebriefs.

Auch das neue Einwurf-Einschreiben bringt keinerlei Sicherheit! Wenigstens einen bedingten Zugangsnachweis liefert die Mahnung per Fax.

Wichtig: Will man wirklich sichergehen, muss man die Mahnung entweder durch den Gerichtsvollzieher zustellen lassen (dabei ist dem Auftrag eine Zweitausfertigung der Mahnung beizufügen, die man nach erfolgter Zustellung, verbunden mit dem Zustellungsnachweis, zurückerhält) oder aber den Brief durch einen Boten, der den Text gelesen hat, dem Empfänger persönlich in die Hand geben und darüber ein Protokoll anfertigen lassen.

Selbstverständlich kommt die Übermittlung durch Boten oder gar die Beauftragung eines Gerichtsvollziehers (wenden Sie sich diesbezüglich bei Bedarf an die Gerichtsvollzieherverteilungsstelle beim Amtsgericht) wohl nur in wichtigeren Fällen in Betracht.

In solchen Fällen sollte man jedoch den Aufwand und die Kosten nicht scheuen, da insbesondere bei der Zustellung durch den Gerichtsvollzieher der zusätzliche Effekt hinzukommt, die meisten Schuldner hierdurch doch sehr zu beeindrucken.

Wichtig: Weiterhin sollte man immer auch bedenken, dass der wegen der Nichtbeweisbarkeit der In-Verzug-Setzung gegebenenfalls entstehende Zinsverlust die anfallenden Kosten häufig nicht unerheblich übersteigt!

Praxis-Tipp:

Ein nicht ganz unproblematischer, aber im Einzelfall gegebenenfalls wirksamer Trick besteht darin, durch eine Mahnung, mit der (absichtlich) zu viel gefordert wird, den (entrüsteten) Schuldner zu einer schriftlichen Äußerung zu veranlassen, in der der genaue Schuldbetrag angegeben ist. Das hat zur Folge, dass zum einen der Schuldner selbst den Zugang der Mahnung dokumentiert und man weiterhin auch noch ein Schuldanerkenntnis erhält, das die Verjährung neu beginnen lässt (§ 212 BGB).

Außerdem ermöglicht ein solches schriftliches Schuldanerkenntnis die Durchführung eines (einfacheren) Urkundenmahnverfahrens.

Achtung: Da sich aber die Frage, ob eine Zuvielmahnung völlig unwirksam oder nur im Umfang des tatsächlichen Rückstands wirksam ist, nach der Rechtsprechung unter Berücksichtigung der Umstände nach Treu und Glauben entscheidet, kommen wohl nur geringere Zuvielforderungen in Betracht.

Formulierung aus einem BGH-Urteil:

Eine unverhältnismäßig hohe Zuvielforderung kann den zu Recht angemahnten Teil so in den Hintergrund treten lassen, dass dem Schuldner kein Schuldvorwurf zu machen ist, wenn er sich nicht als wirksam gemahnt ansieht.

Nicht rechtzeitiges Erbringen der geschuldeten Leistung

Der Schuldnerverzug beginnt mit dem Tag des Zugangs der Mahnung bzw. der Erfüllungsverweigerung, bei kalendermäßig festgelegter Leistungszeit mit dem Ablauf des Tages, an dem die Leistung spätestens zu erbringen war.

Dabei kommt es für die Rechtzeitigkeit der Leistung auf den Zeitpunkt der Vornahme der Leistungshandlung und nicht auf den des Leistungserfolgs an.

Kein Verzug ohne Verschulden
In § 286 Abs. 4 BGB findet sich folgender Wortlaut:

„Der Schuldner kommt nicht in Verzug, solange die Leistung in Folge eines Umstandes unterbleibt, den er nicht zu vertreten hat."

Beispiel:

Ungewissheit über den Gläubiger (wenn dieser z. B. verstorben ist und seine Erben unbekannt sind) oder bei unverschuldetem Rechtsirrtum über Einrederechte.

Bitte beachten: § 286 Abs. 4 BGB greift beispielsweise nicht bei finanziellem Engpass!

Die Beweislast für die tatbestandlichen Voraussetzungen des Verzugs trägt im Übrigen der Gläubiger, die Leistung und ihre Rechtzeitigkeit hat dagegen der Schuldner zu beweisen.

Die Rechtsfolgen des Schuldnerverzugs

Diese ergeben sich insbesondere aus den §§ 280 bis 288 BGB.

Rechtsfolgen des Schuldnerverzugs sind insbesondere:

◆ Ersatz sämtlicher Schäden, die durch die Pflichtverletzung (Zahlungsverzug) entstanden sind, zum Beispiel Rechtsanwaltskosten, Inkassogebühren (§ 280 ff. BGB)

◆ Ersatz vergeblicher Aufwendungen (§ 284 BGB)

◆ Herausgabe des Ersatzes (§ 285 BGB)

◆ Strengere bzw. erweiterte Haftung (§ 287 BGB)

◆ Zahlung von Verzugszinsen (§ 288 BGB: fünf bzw. neun Prozentpunkte über dem Basiszinssatz; bitte nochmal genau nachlesen!) Bitte beachten: Aus einem anderen Rechtsgrund kann der Gläubiger auch höhere Zinsen verlangen (§ 288 Abs. 3 BGB)

Gemäß § 288 Abs. 4 BGB ist auch die Geltendmachung eines weiteren Schadens nicht ausgeschlossen. Der Gläubiger kann hiernach

auch eine höhere Zinsforderung geltend machen, wobei der Zins-
schaden entweder in der Aufwendung von Kreditzinsen oder im
Verlust von Anlagezinsen bestehen kann.

Durchsetzbarkeit der Forderung

Es sollte grundsätzlich immer geprüft werden, ob dem Schuldner etwaige Gegenrechte zustehen, die es ihm erlauben, sich der
Zahlungsforderung des Gläubigers ganz oder teilweise zu ent-
ziehen.

Einreden

Kann sich der Schuldner auf eine Einrede stützen, die ihm ein
dauerndes oder wenigstens zeitweiliges Leistungsverweigerungs-
recht gewährt, kommt er nicht in Verzug.

Beispiel:

- Die Einrede des nicht erfüllten Vertrags gemäß § 320 Abs.
  1 BGB

  Wer aus einem gegenseitigen Vertrag verpflichtet ist, kann
  die ihm obliegende Leistung (beim Schuldner: die Zahlung)
  bis zur Bewirkung der Gegenleistung verweigern, es sei
  denn, dass er vorzuleisten verpflichtet ist.

- Ein Zurückbehaltungsrecht (z. B. § 273 Abs. 1 BGB)

  Hat der Schuldner aus demselben rechtlichen Verhältnis,
  auf dem seine Verpflichtung beruht, einen fälligen Anspruch gegen den Gläubiger, kann er, sofern sich nicht aus
  dem Schuldverhältnis ein anderes ergibt, die geschuldete
  Leistung verweigern, bis ihm die gebührende Leistung
  bewirkt wird.

- Eine getroffene Stundungsvereinbarung

  Das heißt: eine Abrede, wodurch der Fälligkeitszeitpunkt
  verschoben wird.

- Sonstige Einreden, etwa Mängeleinrede bei einem Kaufvertrag

Aufrechnung

Unter der Aufrechnung versteht man die Tilgung einer Schuld durch Ausgleich mit einer bestehenden Gegenforderung, die durch einseitige empfangsbedürftige Willenserklärung erfolgt (§ 388 BGB).

Diesbezüglich ist insbesondere zu beachten, dass die Forderungen gleichartig sein müssen, das heißt Geldforderungen müssen Geldforderungen gegenüberstehen, und dass die Aufrechnung durch Vereinbarung oder gesetzliche Vorschriften ausgeschlossen sein kann.

Verjährung

Gemäß § 194 BGB unterliegt das Recht, von einem anderen ein Tun oder Unterlassen zu verlangen (Anspruch), der Verjährung.

Nach Ablauf der gesetzlichen Verjährungsfrist ist der Verpflichtete berechtigt, die Leistung zu verweigern (§ 214 Abs. 1 BGB). Die Verjährung beseitigt demgemäß den Anspruch nicht, sie vereitelt nur seine Durchsetzung gegen den Willen des Verpflichteten. Der Schuldner kann, muss aber nicht verweigern! Wenn er vom Gläubiger verklagt wird und sich nicht auf die Verjährung beruft, wird er verurteilt.

Andererseits bleibt der Anspruch aber trotzdem erfüllbar: Wer (z. B. versehentlich) auf eine verjährte Forderung leistet, kann folglich nicht zurückfordern.

Wichtig: Gemäß § 195 BGB beträgt die regelmäßige Verjährungsfrist seit 01.01.2002 drei Jahre (statt bisher 30 Jahre). Das gilt allerdings nur, soweit das Gesetz nichts anderes bestimmt.

Die wichtigsten Ausnahmen:

§§ 196, 197 BGB sowie die Verjährung der Gewährleistungsansprüche im Kaufvertragsrecht (§ 438 BGB) und im Werkvertragsrecht (§ 634a BGB).

Regelmäßiger Verjährungsbeginn (§ 199 Abs. 1 BGB)

Schluss des Jahres, in dem der Anspruch entstanden ist und der Gläubiger von den den Anspruch begründenden Umständen und der Person des Schuldners Kenntnis erlangt oder ohne grobe Fahrlässigkeit erlangen musste.

Gemäß den §§ 203 bis 213 BGB kann die Verjährung mit Wirkung des § 209 BGB auch gehemmt werden (z. B. bei Verhandlungen, Klageerhebung, Zustellung eines Mahnbescheids, Güteantrag, Stundung) oder gemäß § 212 BGB erneut beginnen (z. B. Schuldanerkenntnis, Abschlagszahlung, gerichtliche oder behördliche Vollstreckungshandlung). Mahnungen haben keine derartigen Wirkungen!

Beweisbarkeit

Natürlich muss der Gläubiger immer prüfen, ob der Sachverhalt, auf den man seinen Anspruch stützt, gegebenenfalls auch bewiesen werden kann.

Das wird beispielsweise eher der Fall sein, wenn man sich auf einen schriftlichen Vertrag stützen kann als wenn man sich auf Zeugenaussagen verlassen muss. Es sollten daher immer die vorhandenen Beweismittel gesichtet werden.

Praxis-Tipp:

- Es ist empfehlenswert, sich Zeugenaussagen schriftlich bestätigen zu lassen und insbesondere die Registrierung, Aufbewahrung und schnelle Auffindbarkeit von Schriftstücken sicherzustellen.
- Von wichtigen Verträgen und Urkunden sollten zudem beglaubigte Fotokopien angefertigt werden.

Trick bei Beweisnot: Abtretung der Forderung an einen Freund, um dann selbst als Zeuge auftreten zu können. Wenn ein Beweis nicht sicher geführt werden kann, stellt sich die Frage, welche Partei die Folgen des fehlenden Beweises trägt (Beweislast).

Wichtig: Im Regelfall gilt: Wer eine Rechtsfolge für sich in Anspruch nimmt, hat die anspruchsbegründenden und anspruchserhaltenden Tatsachen zu behaupten und zu beweisen, der Gegner die rechtshindernden, rechtsvernichtenden und rechtshemmenden.

Checkliste: Rechtliche Prüfung	Ja	Nein
♦ Liegt ein voll wirksamer Anspruch vor? (insbesondere: keine Mängel bei Vertragsabschluss?)	☐	☐
♦ Ist der Anspruch auch fällig?	☐	☐
♦ Liegt Schuldnerverzug vor?	☐	☐
- Verzugsbegründende Mahnung? (wenn nicht entbehrlich, § 286 Abs. 2 BGB)	☐	☐
- Zugang der Mahnung?	☐	☐
- Nicht rechtzeitiges Erbringen der geschuldeten Leistung?	☐	☐
- § 286 Abs. 4 BGB?	☐	☐
♦ Ist Durchsetzbarkeit gegeben?	☐	☐
- Kein Einreden des Schuldners möglich?	☐	☐
- Keine Verjährung des Anspruchs?	☐	☐
♦ Ist der Anspruch beweisbar?	☐	☐

Das neue Gesetz zur Bekämpfung von Zahlungsverzug im Geschäftsverkehr

Bereits im Jahr 2011 hatte das Europäische Parlament eine Richtlinie zur Bekämpfung von Zahlungsverzug im Geschäftsverkehr beschlossen mit dem Ziel, die Liquidität der Betriebe zu verbessern. Die Europäische Union forderte dafür schärfere Gesetze in Bezug auf Geschäftsvorgänge zwischen Unternehmen und zwischen Unternehmen und öffentlichen Auftraggebern.

Der Deutsche Bundestag hätte die Vorgaben der EU-Richtlinie eigentlich bis März 2013 in nationales Recht umsetzen müssen, was aber erst im Jahr 2014 geschehen ist. Das neue Gesetz, das am 29.07.2014 in Kraft getreten ist, hat zunächst § 271a neu in das BGB eingefügt:

Gesetz zur Bekämpfung von Zahlungsverzug im Geschäftsverkehr

§ 271a – Vereinbarungen über Zahlungs-, Überprüfungs- oder Abnahmefristen

(1) Eine Vereinbarung, nach der der Gläubiger die Erfüllung einer Entgeltforderung erst nach mehr als 60 Tagen nach Empfang der Gegenleistung verlangen kann, ist nur wirksam, wenn sie ausdrücklich getroffen und im Hinblick auf die Belange des Gläubigers nicht grob unbillig ist. Geht dem Schuldner nach Empfang der Gegenleistung eine Rechnung oder gleichwertige Zahlungsaufstellung zu, tritt der Zeitpunkt des Zugangs dieser Rechnung oder Zahlungsaufstellung an die Stelle des in Satz 1 genannten Zeitpunkts des Empfangs der Gegenleistung. Es wird bis zum Beweis eines anderen Zeitpunkts vermutet, dass der Zeitpunkt des Zugangs der Rechnung oder Zahlungsaufstellung auf den Zeitpunkt des Empfangs der Gegenleistung fällt; hat der Gläubiger einen späteren Zeitpunkt benannt, so tritt dieser an die Stelle des Zeitpunkts des Empfangs der Gegenleistung.

(2) Ist der Schuldner ein öffentlicher Auftraggeber im Sinne von § 98 Nummer 1 bis 3 des Gesetzes gegen Wettbewerbsbeschränkungen, so ist abweichend von Absatz 1

1. eine Vereinbarung, nach der der Gläubiger die Erfüllung einer Entgeltforderung erst nach mehr als 30 Tagen nach Empfang der Gegenleistung verlangen kann, nur wirksam, wenn die Vereinbarung ausdrücklich getroffen und aufgrund der besonderen Natur oder der Merkmale des Schuldverhältnisses sachlich gerechtfertigt ist;

2. eine Vereinbarung, nach der der Gläubiger die Erfüllung einer Entgeltforderung erst nach mehr als 60 Tagen nach Empfang der Gegenleistung verlangen kann, unwirksam

Absatz 1 Satz 2 und 3 ist entsprechend anzuwenden.

(3) Ist eine Entgeltforderung erst nach Überprüfung oder Abnahme der Gegenleistung zu erfüllen, so ist eine Vereinbarung, nach der die Zeit für die Überprüfung oder Abnahme der Gegenleistung mehr als 30 Tage nach Empfang der Gegenleistung beträgt, nur wirksam, wenn sie ausdrücklich getroffen und im Hinblick auf die Belange des Gläubigers nicht grob unbillig ist.

(4) Ist eine Vereinbarung nach den Absätzen 1 bis 3 unwirksam, bleibt der Vertrag im Übrigen wirksam.

(5) Die Absätze 1 bis 3 sind nicht anzuwenden auf

1. die Vereinbarung von Abschlagszahlungen und sonstigen Ratenzahlungen sowie

2. ein Schuldverhältnis, aus dem ein Verbraucher die Erfüllung der Entgeltforderung schuldet.

(6) Die Absätze 1 bis 3 lassen sonstige Vorschriften, aus denen sich Beschränkungen für Vereinbarungen über Zahlungs-, Überprüfungs- oder Abnahmefristen ergeben, unberührt.

Wichtigste Neuerung hiernach ist, dass private Unternehmen als Auftraggeber in der Regel innerhalb von 60 Tagen zahlen müssen. Öffentliche Auftraggeber haben danach in der Regel sogar innerhalb von 30 Tagen zu zahlen.

Wichtig: Für Verträge, in denen ein Verbraucher dem Unternehmen eine Zahlung schuldet, gilt das Gesetz nicht (§ 271a Abs. 5 Nr. 2 BGB).

Weiterhin wurde dem § 286 BGB (Verzug des Schuldners) ein neuer Abs. 5 hinzugefügt, wonach der neue § 271a BGB entsprechend gilt (siehe oben).

§ 288 BGB wurde dahingehend geändert, dass in Abs. 2 der gesetzliche Verzugszins, wenn kein Verbraucher beteiligt ist, um einen Prozentpunkt von 8 auf nun 9 Prozentpunkte über dem Basiszinssatz angehoben wurde. Außerdem wurden die Absätze 5 und 6 hinzugefügt.

§ 288 Abs. 5 und 6

(5) Der Gläubiger einer Entgeltforderung hat bei Verzug des Schuldners, wenn dieser kein Verbraucher ist, außerdem einen Anspruch auf Zahlung einer Pauschale in Höhe von 40 Euro. Dies gilt auch, wenn es sich bei der Entgeltforderung um eine Abschlagszahlung oder sonstige Ratenzahlung handelt. Die Pauschale nach Satz 1 ist auf einen geschuldeten Schadensersatz anzurechnen, soweit der Schaden in Kosten der Rechtsverfolgung begründet ist.

(6) Eine im Voraus getroffene Vereinbarung, die den Anspruch des Gläubigers einer Entgeltforderung auf Verzugszinsen ausschließt, ist unwirksam. Gleiches gilt für eine Vereinbarung, die diesen Anspruch beschränkt oder den Anspruch des Gläubigers einer Entgeltforderung auf die Pauschale nach Absatz 5 oder auf Ersatz des Schadens, der in Kosten der Rechtsverfolgung begründet ist, ausschließt oder beschränkt, wenn sie im Hinblick auf die Belange des Gläubigers grob unbillig ist. Eine Vereinbarung über den Ausschluss der Pauschale nach Absatz 5 oder des Ersatzes des Schadens, der in Kosten der Rechtsverfolgung begründet ist, ist im Zweifel als grob unbillig anzusehen. Die Sätze 1 bis 3 sind nicht anzuwenden, wenn sich der Anspruch gegen einen Verbraucher richtet.

Die wichtigste Neuerung ist, dass der Gläubiger von säumigen Kunden, die keine Verbraucher sind, zudem eine Pauschalentschädigung von 40 Euro verlangen kann.

In Bezug auf Klauseln in allgemeinen Geschäftsbedingungen wurden die §§ 308 und 310 BGB geändert.

Mahnmethoden

Die schriftliche Mahnung

Die gebräuchlichste Form, einen Schuldner zur Zahlung aufzufordern, ist die schriftliche Mahnung.

Der Nachteil dabei ist, dass die Kommunikation einseitig ist, das heißt es besteht für den Schuldner die Möglichkeit, die Zahlungsaufforderung zu ignorieren!

Wesentlich erfolgversprechender als Formbriefe sind dabei individuell auf den einzelnen Schuldner zugeschnittene Mahnschreiben.

Achtung: Der negative Effekt eines Formbriefs (erweckt den Eindruck eines nicht wichtig zu nehmenden Routineschreibens) kann insbesondere dadurch reduziert werden, dass mithilfe von frei kombinierbaren Textbausteinen aus speziellen EDV-Programmen individuelle Mahnschreiben erstellt werden können.

Die Mahnstufen: Gehen Sie Schritt für Schritt vor

Der Regelfall sind drei Mahnstufen, wobei der Schuldner mit jeder Mahnung nachdrücklicher zur Zahlung aufgefordert werden sollte.

Man sollte nicht bereits am Anfang sein „ganzes Pulver verschießen", sondern vom mildesten Mittel (höfliche Erinnerung) langsam zum schärfsten Mittel greifen, um den Schuldner zu beeindrucken und zur Bezahlung der Forderung zu bringen.

Normalerweise deckt dabei die erste Mahnung die Fälle ab, in denen der Schuldner vergessen hat zu zahlen.

Nach der schon schärfer zu formulierenden zweiten Mahnung (z. B. Hinweis auf Verzugszinsen) sollte sich eine dritte Mahnung wesentlich von den vorangegangenen Mahnungen abheben, etwa als Telefonanruf oder verbunden mit der Ankündigung der Einschaltung eines Inkassobüros bzw. gerichtlicher Schritte.

Die Zeitintervalle zwischen den einzelnen Mahnstufen sollten so kurz wie möglich gehalten werden (ca. 10 bis 14 Tage), wobei die erste Mahnung grundsätzlich frühestens acht Tage nach Fälligkeit versandt werden sollte, da die Zahlung durch den Kunden erst am Fälligkeitstag oder kurz danach erfolgt sein könnte.

Wichtig: Grundsätzlich lassen sich zur Art und Weise der Mahn-
briefgestaltung wegen der Vielfalt der – nicht nur stilistischen –
Möglichkeiten keine allgemein gültigen Aussagen treffen. Es ist
beispielsweise zu überlegen, ob und wann die Bereitschaft zu
einer Ratenzahlungsvereinbarung avisiert werden sollte.

Die Formulierung der Mahnschreiben, ja sogar die gesamte Mahn-
strategie (siehe Kapitel 3), hängt im Übrigen wesentlich von der
Art der Schuldner (Privatschuldner/gewerbliche Schuldner, Groß-/
Kleinunternehmen), der Beziehung zum Schuldner (z. B. wichtiger
Kunde), der Branche und der Liquidität des Schuldners sowie auch
von der Höhe der Forderung ab.

Kriterien für einen wirkungsvollen Mahnbrief

- persönlich

- dem konkreten Einzelfall angepasst

- korrekt und eindeutig formuliert

- zunächst eher freundlich (höflich) und möglicherweise originell; in
  späteren Mahnphasen: energisch und bestimmend (anordnend)

- taktisch, psychologisch, strategisch

Muster-Mahnbriefreihe

Freundliche Erinnerung bzw. Mahnung (Mahnstufe 1)

Unsere Rechnung vom ... über EUR ...

Sehr geehrte Damen und Herren,

leider haben wir auf unsere o. g. Rechnung bis heute noch keinen Zahlungseingang verzeichnen können.

Wir gehen davon aus, dass dies auf einem organisatorischen Versehen beruht,
müssen Sie aber dennoch höflich auffordern, das Versäumte umgehend nachzuholen, da unsere Zahlungsziele Bestandteil unserer Kalkulation sind.

Bereits ausgefüllte Überweisungsformulare fügen wir zur gefälligen Verwendung
bei.

Mahnmethoden

Sollten Sie allerdings den Rechnungsbetrag in den letzten Tagen bereits überwiesen haben, so betrachten Sie bitte dieses Schreiben als gegenstandslos.

Mit freundlichen Grüßen

Zweite Mahnung (Mahnstufe 2)

Unsere Rechnung vom ... über EUR ...

Unsere Mahnung vom ...

Sehr geehrte Damen und Herren,

trotz unserer Mahnung vom ... wurde o. g. Rechnung noch nicht beglichen. Wir
müssen Sie nunmehr mit aller Bestimmtheit auffordern, den laut unten stehender
Aufstellung fälligen Betrag (inkl. der Mahnkosten und Verzugszinsen) zur Vermeidung weiterer Kosten und Unannehmlichkeiten bis spätestens ... an uns zu
überweisen.

Aufstellung:
Rechnung vom ...	EUR ...
Verzugszinsen (...% p. a.)	EUR ...
Mahnkosten 2 x EUR 2,50 =	EUR 5,–
Summe:	EUR ...

Mit freundlichen Grüßen

Dritte Mahnung (Mahnstufe 3)

Unsere Rechnung vom ... über EUR ...

Unsere Mahnungen vom ...

Sehr geehrte Damen und Herren,

trotz zweifacher Mahnung ist die o. g. Rechnung immer noch nicht beglichen.
Wir fordern Sie hiermit letztmalig zur Zahlung des Betrags i. H. v. EUR ... bis
spätestens ... auf.

Nach fruchtlosem Ablauf dieser neuerlichen Frist wären wir gezwungen, entweder ein Inkassounternehmen mit der Einziehung der Forderung zu beauftragen oder aber ohne weitere vorherige Ankündigung gerichtliche Schritte einzuleiten.

Mit freundlichen Grüßen

Mahnkosten

Die Kosten für die verzugsbegründende Mahnung können nicht vom Schuldner verlangt werden. Auch bezüglich weiterer Mahnungen werden von den Gerichten im Regelfall höchstens 2,50 Euro akzeptiert.

Die telefonische Mahnung

Die Hauptproblematik der schriftlichen Mahnung liegt darin, dass diese ohne weiteres vom Schuldner ignoriert werden kann.

Dementsprechend liegt der Vorteil der telefonischen Mahnung in der direkten, persönlichen Ansprache des Schuldners, der gezwungen wird, sich unmittelbar zur Sache zu äußern (unmittelbares Feedback).

Wichtig: Es liegt auf der Hand, dass ein persönliches Gespräch am Telefon auch eine gezieltere Ansprache des Schuldners ermöglicht, weil ausgehend von seinen geäußerten Reaktionen direkt auf ihn eingegangen werden kann.

Viele Schuldner können sich besser mündlich als schriftlich äußern, sodass es ihnen unter Umständen leichter fällt, die Hintergründe ihres negativen Zahlungsverhaltens in einem Telefongespräch näher zu erklären.

Auch kann es die bei einem Telefonat bestehende Möglichkeit des bewussten Einsatzes von Artikulationselementen wie Betonungen, Tonlage, Tempo, Pausen etc. dem Gläubiger erleichtern, eine bestimmte Reaktion beim Schuldner hervorzurufen.

Gerade die gezielt eingelegte Schweigepause nach einer eigenen Aussage oder Frage kann eine hochwirksame Strategie sein, da diese unangenehme Situation den Gesprächspartner zum Sprechen zwingt, was durchaus zu spontanen Zusagen bzw. Zugeständnissen führen kann.

Praxis-Tipp:

Bei positivem Verlauf des Gesprächs könnte beispielsweise auch die Abholung eines Schecks per Kurier am gleichen Tag vorgeschlagen werden.

Ist der Schuldner nicht gesprächig, müssen die gewünschten Informationen gezielt erfragt werden. Hierzu eignen sich am besten die sogenannten W-Fragen (wer, was, wo, wann, warum oder wie), da diese nicht mit einem einfachen Ja oder Nein beantwortet werden können und daher zu Antworten mit einem höheren Informationsgehalt führen.

Günstigster Zeitpunkt für die telefonische Mahnung

Der günstigste Zeitpunkt für eine telefonische Mahnung ist im Regelfall wohl nach der zweiten, unter Umständen aber auch schon nach der ersten Mahnung!

Von psychologischer Bedeutung kann auch der Zeitpunkt sein, zu dem man den Schuldner anruft. Wer seinen Schuldner bereits morgens um 8.00 Uhr mit einem unangenehmen Mahnanruf behelligt, darf sich nicht wundern, wenn er trotz Höflichkeit und liebenswürdigem Ton auf Ablehnung stößt. Ebenfalls wohl eher ungünstig: Freitag Nachmittag!

Besonders wichtig ist bei der telefonischen Mahnung, dass der Anrufer gut vorbereitet ist und es ihm nicht an Detailkenntnissen über den Einzelfall mangelt. Es sollten deshalb bereits im Vorfeld des Gesprächs alle schuldnerrelevanten Daten zusammengetragen werden und der Anrufer sollte sich über seine Zielsetzungen im Klaren sein und sich eine entsprechende Strategie zurechtlegen, etwa ob und in welcher Form eine Ratenzahlungsvereinbarung überhaupt in Betracht kommt.

Praxis-Tipp:

Wenn eine Ratenzahlungsvereinbarung telefonisch zustande kommt, gegebenenfalls sofort Bestätigung faxen mit der Bitte um Retour-Fax mit Unterschrift!

Vergessen Sie nie, bereits vor dem Gespräch eine Liste mit allen vorhandenen und benötigten Informationen zu erstellen und sich außerdem (Frage-)Strategien zurechtzulegen (dazu mehr in Kapitel 3)!

Das große Problem bei der telefonischen Mahnung ist die schwere Beweisbarkeit. Es muss deshalb ein schriftliches Protokoll angefertigt werden, das zusätzlich von einer weiteren Person, die das Telefonat mitgehört hat, unterschrieben wird:

Vermerk

Bei meinem heutigen Telefonat mit dem Prokuristen Herrn ... als Vertreter der Fa. ... habe ich, Herr A, unsere seit drei Wochen fällige Forderung in Höhe von EUR 5 000,– angemahnt. Herr B sagte zu, diese Mahnung der Geschäftsführung seiner Firma sofort zur Kenntnis zu bringen.

Ich, der mitunterzeichnende kaufmännische Angestellte C, bestätige hiermit, dass das vorstehende Telefonat in meiner Anwesenheit geführt wurde.

Ort, Datum, Unterschriften

Wenn man keinen Zeugen hat, empfiehlt sich die sofortige Absendung eines Bestätigungsschreibens an die Schuldnerfirma:

Sehr geehrte Damen und Herren,

hiermit bestätige ich der guten Ordnung halber mein heutiges Telefonat mit Ihrem Prokuristen, Herrn B.

Ich habe ihn darauf hingewiesen, dass aus unserer Lieferung vom ... der Betrag in Höhe von EUR 5 000,– seit drei Wochen fällig ist und habe unverzügliche Zahlung angemahnt.

Herr B hat mir daraufhin erklärt, dass er diese Mahnung der Geschäftsführung sofort zur Kenntnis bringen würde.

Mit freundlichen Grüßen

Die persönliche Mahnung

Eine weitere Steigerung der Mahnansprache stellt der persönliche Besuch beim Schuldner dar.

Im Vergleich zum Telefoninkasso kommt hier der Vorteil des direkten Kontakts zum Schuldner noch stärker zum Tragen, der psychologische Druck auf den Schuldner ist hierbei am stärksten (face to face-Situation).

Die persönliche Mahnung kommt insbesondere in Betracht, wenn:

* andere Maßnahmen wie schriftliche und telefonische Mahnung nicht erfolgreich waren

* der Schuldner schon mehrmals die Zahlung versprochen, dieses Versprechen aber nicht eingehalten hat

* Verjährung droht

Der mit einem persönlichen Besuch verbundene zeitliche und finanzielle Aufwand wird allerdings nur bei hohen Forderungen oder wichtigen Kunden den Einsatz dieser Methode rechtfertigen.

Der persönliche Schuldnerbesuch hat gegenüber den anderen Methoden auch den Vorteil, dass man sich häufig ein besseres Bild von der Persönlichkeit sowie von der finanziellen Situation und dem sozialen Umfeld des Schuldners machen kann, zumindest aber können Missverständnisse ausgeräumt und Ratenzahlungsvereinbarungen (einschließlich Schuldanerkenntnis zur Verjährungsunterbrechung) getroffen werden.

Außerdem kann, wenn man auf einen hartnäckigen oder böswilligen Schuldner trifft, zumindest die Erfolgsaussicht einer späteren Zwangsvollstreckung eruiert werden.

Praxis-Tipp:

Die persönliche Mahnung, mit dem notwendigen Takt- und Fingerspitzengefühl angebracht, gehört zu den erfolgreichsten Mahnmethoden überhaupt.

Hinsichtlich der Problematik der Beweisbarkeit kann auf die Ausführungen zur telefonischen Mahnung verwiesen werden.

Die Postnachnahme

Eine weitere in der Praxis gelegentlich verwendete Inkasso-Methode stellt schließlich die Postnachnahme dar.

Bei dieser rechtlich zulässigen Mahnart lässt der Gläubiger dem Schuldner einen Brief per Nachnahme zukommen. Löst dieser die Nachnahme ein, wird der entsprechende Betrag der Forderung gutgeschrieben. Der Wert der Nachnahme entspricht dabei in den meisten Fällen einem Teilbetrag der Forderung. Da der Brief an sich keinen Wert hat und die Nachnahmegebühren auch bei Nichteinlösung dem Konto des Schuldners belastet werden, halten Kritiker diese Mahnmethode für unseriös.

Psychologischer Vorteil bei dieser Inkasso-Methode ist, dass der Schuldner durch den Postboten unmittelbar mit der Mahnung konfrontiert wird. Zwar hat er die Möglichkeit die Nachnahme zu ignorieren, der Gläubiger erhält jedoch in jedem Fall eine Rückmeldung von der Post.

Dementsprechend kann die Postnachnahme in der Intensität der Schuldneransprache zwischen der schriftlichen und der persönlichen Mahnung eingestuft werden. Ein Formulierungsbeispiel für die Ankündigung einer Postnachnahme finden Sie in Kapitel 3.

Es bleibt abschließend noch darauf hinzuweisen, dass die verschiedenen Mahn- bzw. Inkasso-Methoden sehr flexlbel und vielfältig gestaltet werden können. Insbesondere ergeben sich aus der Kombination verschiedener Maßnahmen zusätzliche Gestaltungsmöglichkeiten (Konzipierung eines Methoden-Mix).

Mahnmethoden

Checkliste: Mahnstufen
1. Mahnung: schriftlich (freundlich und höflich formulieren!)

1. Mahnung: schriftlich (freundlich und höflich formulieren!)
2. Mahnung: schriftlich (schon etwas schärfer formulieren!)
3. Mahnung:
    – schriftlich (scharf formulieren!)
    – telefonisch bzw. persönlich
    – extern (z. B. durch Inkassounternehmen)

Mahnstrategien

Setzen Sie Fragestrategien ein

Bei der Forderungseinziehung sollte generell – auf jeden Fall aber bei hohen Forderungen sowie bei wichtigen Kunden – besonderes Augenmerk auf die Aspekte Taktik, Psychologie und Strategie gelegt werden. Denn wer etwas durchsetzen will, braucht Strategie und Konsequenz!

Um eine gute Strategie entwickeln zu können, bedarf es zunächst gewisser Kenntnisse über den Schuldner selbst und dessen Situation. Nur so kann eine Entscheidung getroffen werden, ob eine bzw. welche strategische Maßnahme sinnvoll und Erfolg versprechend ist.

Praxis-Tipp:

Sie sollten grundsätzlich versuchen, den untätigen Schuldner zumindest zu einer Reaktion zu animieren bzw. sogar zu zwingen, etwa durch geschickte Fragen.

Vorteile einer Fragestrategie

- Fragen können, wenn sie ruhig, sachlich und nicht aggressiv gestellt werden, kaum als Angriff aufgefasst werden.

- Jede Frage stellt eine Streicheleinheit dar, sie zeigt Anerkennung und Respekt für den anderen. Eine Frage zeigt dem Kunden, dass seine Information, seine Meinung, seine Situation auf Interesse stößt; sie baut daher die Brücke zum anderen und verhindert das Aneinandervorbei bzw. das Gegeneinander.

- Fragen helfen, die Beziehungsebene positiv zu erhalten bzw. wieder zu verbessern (kundenerhaltend, Sympathiegewinn).

- Sie können Informationen erhalten, vorhandene Informationen gegebenenfalls überprüfen und feststellen, ob Missverständnisse vorliegen.

- Sie erfahren durch Fragen, welche Argumente der andere in seiner Argumententruhe hat bzw. in welcher Situation er sich befindet, ehe Sie Ihre Karten auflegen. Hierdurch können Sie vorab entscheiden, ob Ihr Angebot für Ihr Gegenüber attraktiv sein wird bzw. welches der möglichen Angebote das für ihn passende ist.

noch: Vorteile einer Fragestrategie

> ◆ Mit Fragen führen Sie den anderen gedanklich dorthin, wo Sie ihn
> haben wollen (Sokrates: „Wer fragt, führt"). Es ist ausgesprochen
> leicht, durch Fragetechniken zu verführen.

Praxis-Tipp:

Wer schlecht oder gar nicht fragt, kann natürlich nur unzurei-
chend oder gar nicht führen. Je besser Sie mit Fragetechniken
umgehen können, desto erfolgreicher können Sie verhandeln,
überzeugen und motivieren!

Bitte beachten Sie, dass jeder Mensch – (gerade) auch der Schuldner – von seinen Gefühlen gesteuert wird. Wenn man geschickt
zur Zahlung oder zumindest zu einer Reaktion bzw. einem Einlenken motivieren will, muss man diese Prozesse mitbedenken und
seine Strategie dementsprechend planen. Insbesondere müssen
dabei immer die (Grund-)Bedürfnisse des Menschen berücksichtigt
werden – nach Anerkennung, Status, Macht und Geltung.

Grundsätzlich ist jede Frage eine neue Chance zur Motivation.
Versuchen Sie deshalb auch selbst gute Fragestrategien zu entwickeln!

Man unterscheidet im Wesentlichen folgende Fragetypen (Frage-
arten):

Die Informationsfragen

Die geschlossene Informationsfrage

Derartige Fragen lassen sich nur mit Ja oder Nein beantworten.
Diese Frageform wird verwendet, um für einen eigenen Vorschlag
die Zustimmung des Schuldners zu erhalten. Das ist nicht unge-
fährlich, da man sehr leicht die falsche (unerwünschte) Antwort
erhalten kann.

Mahnstrategien

Die offene Informationsfrage

Es handelt sich dabei um Fragen, die nicht mit einem einfachen Ja oder Nein beantwortet werden können und deshalb zu Antworten mit einem höheren Informationsgehalt führen. Dabei sind insbesondere die sogenannten W-Fragen (Wer, Was, Wo, Wann, Warum oder Wie) zu nennen.

Die taktischen Fragen

Die Alternativ-Frage

Wenn das Angebot nur aus einer einzigen Möglichkeit besteht, ist die Wahrscheinlichkeit für ein Ja oder ein Nein zwar rechnerisch gleich groß, tatsächlich aber die des Neins wahrscheinlicher.

Ermöglicht man dagegen die Wahl zwischen zwei (oder mehreren) Alternativen (eine Auswahl), wird die Wahrscheinlichkeit für ein Ja nicht nur rechnerisch, sondern auch entscheidungspsychologisch deutlich erhöht. Diese Fragetechnik ist sehr Erfolg versprechend.

Wichtig: Alternativ-Fragen vermitteln das Gefühl, unter mehreren Möglichkeiten die richtige Entscheidung treffen zu können.

Dieses „Freiheitsgefühl" lockert die Anspannung des Schuldners und führt so zu einem positiven Klima unter den Parteien.

Überlegen Sie sich akzeptable Alternativen, beispielsweise Ratenzahlung, Stundung, Teilverzicht oder Verzicht auf Verzugszinsen bzw. Gebühren bei kurzfristiger Bezahlung des Gesamtbetrags.

Die Suggestiv-Frage

Mit derartigen Fragen wird die Antwort vorweggenommen, Sie suggerieren dem Schuldner eine bestimmte Reaktion: Sie „legen dem anderen etwas in den Mund".

Sonstige taktische Fragen

Siehe hierzu insbesondere die nachfolgenden Seiten.

Wenn Sie bei Ihrer (schriftlichen, telefonischen oder persönlichen) Mahntätigkeit gute Fragen einsetzen, erhalten Sie wichtige Informationen, erfahren die Motive des Schuldners, beseitigen Missverständnisse, zeigen Interesse am Geschäftspartner, weichen feststehende Meinungen auf und können beeinflussen bzw. führen.

Es ist eindeutige psychologische Erkenntnis, dass man sein Gegenüber mit Fragen viel eher beeinflussen kann als mit Behauptungen. Wenn es Ihnen gelingt, statt Behauptungen Fragen zu stellen, vermeiden Sie Aggressionen. Behauptungen reizen zum Widerspruch, Fragen jedoch verhindern diesen.

Locken Sie den Schuldner aus seinem „Schneckenhaus"

Versuchen Sie stets, dem Schuldner die Zahlung bzw. zumindest ein Einlenken so gut wie möglich zu erleichtern – mit dem absoluten Mindestziel, herauszufinden, ob der Schuldner zur Kategorie „hartnäckig" oder „böswillig" gehört.

Strategie: Animieren Sie den Schuldner zu einer Reaktion!

Formulierungsbeispiele

♦   Sie wissen, dass wir uns alle Mühe gegeben haben, Sie immer pünktlich und zuverlässig zu bedienen. Wir sind deshalb etwas überrascht, dass Sie auf unsere Zahlungsaufforderung vom … die längst fällige Rechnung über EUR … nicht beglichen haben.

Dass dies nicht mit Absicht geschehen ist, können Sie uns leicht mit Ihrer Überweisung oder einem Scheck beweisen. Wir rechnen damit bis spätestens …

♦   In oben genannter Angelegenheit möchten wir höflich anfragen, ob der offene Saldo auf Ihrem Konto auf Richtigkeit beruht oder ob vielleicht ein Versehen unserer Buchhaltungsabteilung vorliegt.

Möglicherweise wurde der Betrag irrtümlich dem Konto eines anderen Kunden gutgeschrieben.

Für die freundliche Überprüfung der Angelegenheit bedanken wir uns im Voraus recht herzlich.

Mahnstrategien

• Wir können uns die Gründe Ihres Zahlungsverzugs angesichts unserer bisher so harmonischen Geschäftsverbindung nicht erklären. Haben Sie vielleicht selbst Außenstände, die Sie nicht einbringen können und die eine vorübergehende Knappheit hervorgerufen haben oder waren Sie vielleicht mit unseren letzten Lieferungen nicht hundertprozentig zufrieden?

Schreiben Sie uns bitte offen, wie die Dinge stehen und wie die Angelegenheit – aus Ihrer Sicht gesehen – am besten aus der Welt geschaffen werden kann. Wir werden über jeden vernünftigen und für uns einigermaßen akzeptablen Vorschlag mit uns reden lassen.

• Wir können uns nicht vorstellen, dass eine Firma von Ihrem Ruf es nötig hat, den Kredit der Lieferanten auszunutzen. Welche Gründe mögen es sein, die Sie bewegen die Zahlungen zurückzuhalten?

Sollten Sie selbst Außenstände haben, die Sie nicht einbringen können und die eine vorübergehende Geldknappheit hervorgerufen haben, so schreiben Sie uns doch darüber und machen uns Vorschläge, wie Sie sich eine Regelung der Angelegenheit vorstellen können.

Sollten Sie im Augenblick nicht in der Lage sein, den ganzen Betrag aufzubringen, werden wir es bestimmt nicht an Entgegenkommen fehlen lassen.

• Wir können uns nicht vorstellen, dass Sie die Dinge auf die Spitze treiben wollen, sondern nehmen an, dass Sie triftige Gründe für die Zahlungsverzögerung haben.

Sollte es Ihnen etwa im Augenblick nicht möglich sein, den vollen Betrag aufzubringen, wären wir die Letzten, die in einem solchen Fall nicht mit sich reden ließen.

Unsere grundsätzliche Kompromissbereitschaft zeigt Ihnen der anliegende Antwortcoupon.

Bitte haben Sie die Freundlichkeit, diesen im ebenfalls beigelegten Freiumschlag beantwortet an uns zurückzusenden.

– – – – – – – – – – – – – – – Antwortcoupon – – – – – – – – – – – – – – –

Rückantwort: Zutreffendes bitte ankreuzen bzw. Nichtzutreffendes streichen.

☐ Zum Ausgleich Ihrer Rechnung vom … sende ich Ihnen einen Verrechnungsscheck über EUR …

☐ Ich muss den beiliegenden Verrechnungsscheck über EUR … auf den … vordatieren, da mir im Moment die flüssigen Mittel fehlen.

☐ Ich werde den fälligen Betrag spätestens bis zum … überweisen.

☐ Ich möchte Ihre Rechnung in monatlichen Raten von EUR … begleichen,
beginnend am …

☐ Heute übersende ich Ihnen per Verrechnungsscheck eine Teilzahlung über
EUR …, die Tilgung der Restschuld stelle ich mir wie folgt vor:
………………

☐ Anderer Vorschlag: …………………………………………………………

Lassen Sie Ihre „Muskeln spielen"

Erfolgt trotz aller Bemühungen keine (oder nur eine negative)
Reaktion, muss der Schuldner in die Kategorie „hartnäckig", „böswillig" eingeordnet werden.

Strategie: Schuldner beeindrucken!

Praxis-Tipp:

♦ Letzte Mahnungen unmissverständlich und relativ hart formulieren. Klarmachen, dass mit einem weiteren Aufschub
nicht gerechnet werden kann.

♦ Möglicherweise die äußere Form gegenüber den vorangegangenen Mahnungen verändern, damit der Schuldner
den Ernst der Lage erkennt, etwa ein neutraler Briefum-
schlag ohne Firmenaufdruck und unterschiedliche Farbe
von Umschlag und Briefbogen.

Mahnstrategien

Formulierungsbeispiele

*Androhung der Beauftragung eines Inkassounternehmens bzw.
Androhung gerichtlicher Schritte mit dem Zusatz:*

Vermeiden Sie bitte die damit verbundenen Kosten und Unannehmlichkeiten, indem Sie den offenen Betrag doch noch bis spätestens ... überweisen.

Ankündigung einer Postnachnahme

Nachdem wir trotz mehrerer Zahlungsaufforderungen von Ihnen weder eine Überweisung des Betrags noch eine Erklärung für die Zahlungsverzögerung erhalten haben, nehmen wir an, dass Sie mit dem Einzug des Betrags durch die Post einverstanden sind. Wir werden diese am ... damit beauftragen, wenn wir bis dahin keine Nachricht von Ihnen erhalten haben.

Besonders wirkungsvolle Maßnahmen

◆ Gerichtsvollzieher-Zustellung der zweiten oder dritten Mahnung

◆ Übergabe per Eilboten bzw. Kurier oder wenigstens durch Übersendung per Einschreiben/Rückschein

◆ Beifügen einer Kopie des bereits ausgefüllten Mahnbescheids

◆ Gegebenenfalls sogar Drohung mit einer Strafanzeige bzw. zumindest Androhung eines Hinweises an die Staatsanwaltschaft mit der Bitte um strafrechtliche Würdigung

Forderungen erfolgreich eintreiben

Mit zunehmendem Alter der Forderung sinken die Erfolgsaussichten des Inkassos.

Deshalb: Den Mahnmarathon möglichst schnell durchziehen – gerade bei höheren Forderungen. Je später mit intensiver Beitreibung begonnen wird, desto größer ist die Gefahr, dass der Schuldner inzwischen zahlungsunfähig geworden ist bzw. andere Gläubiger zuvorgekommen sind. Möglicherweise ist der Schuldner dann auch weniger zahlungswillig, weil er das Austauschverhältnis als nicht mehr vorteilhaft wahrnimmt.

Checkliste: Forderungen eintreiben

♦ Pünktlich und regelmäßig mahnen! Richtlinien aufstellen! Ein gut organisiertes, straffes Mahnwesen hilft auch Kosten zu senken, da dann die Finanzierung der Außenstände über Kontokorrent nicht über lange Zeiträume erfolgen muss.

♦ Nicht zu viele Mahnungen!

♦ Auch eine Durchnummerierung der Mahnungen ist nicht immer sinnvoll, da mancher Schuldner erwartet, dass einer ersten Mahnung eine zweite und sogar noch eine dritte und letzte folgt, was dazu führen kann, dass die Zahlungsmoral noch weiter sinkt.

Andererseits gibt es aber auch Schuldner, die grundsätzlich erst auf eine zweite bzw. dritte Mahnung zahlen!

♦ Im richtigen Zeitpunkt mahnen! Natürlich kommt es hinsichtlich des günstigsten Mahnungszeitpunkts immer auf den jeweiligen Einzelfall an:

– Mahnen Sie geschäftliche Unternehmungen nie zu Zeiten der Lohn- bzw. Gehaltszahlung.

– Mahnen Sie nie am Monatsanfang. Grundsätzlich ist am Monatsanfang zwar mehr Geld da, aber das wollen die meisten Menschen nicht gleich wieder verplanen, deshalb haben sich Monatsmitte oder Monatsende als Mahntermin bewährt. Zwar ist zu diesem Zeitpunkt häufig Ebbe in der Kasse, es besteht jedoch im Hinblick auf die bald fällige Gehaltszahlung eine größere Zahlungsbereitschaft. Der Schuldner ist häufig gerade am Monatsende am entscheidungsfreudigsten.

– Im Übrigen empfiehlt es sich natürlich, Geschäftsbetriebe zu Zeiten erhöhter Umsätze zu mahnen (z. B. Gastwirte zu Wochenbeginn bzw. nach Feiertagen und Festen, Landwirte nach dem Verkauf der Ernte etc.).

♦ Appell an Vertragstreue, Ehrgefühl und Gerechtigkeitssinn des Schuldners:

– Wir haben uns alle Mühe gegeben, Sie rasch und preiswert zu bedienen, deshalb werden Sie es uns auch nicht verübeln, wenn wir von Ihnen ebenso pünktliche Zahlung erwarten. Bitte denken Sie daran und überweisen Sie noch heute.

– Wären Sie nicht auch mit uns unzufrieden, wenn wir die Lieferung um einige Wochen verzögert hätten? Also werden Sie unsere Verstimmung darüber, dass Sie Ihr Geld so lange zurückhalten, gewiss verstehen.

> – Wären Sie nicht erstaunt, wenn wir Ihren Auftrag drei Wochen lang unerledigt liegen ließen und auf Ihre Anfrage nicht einmal die Lieferfrist angäben? Bestimmt wären Sie es. Ebenso erstaunt uns Ihr Verhalten, auf unsere Zahlungsaufforderungen nicht zu reagieren. Wir haben doch gewiss alles getan, um Sie durch pünktliche und einwandfreie Lieferung zufrieden zu stellen. Verübeln Sie es uns daher nicht, wenn wir Sie heute erneut darum bitten, durch Bezahlung des geschuldeten Betrages Ihren Verpflichtungen nachzukommen.
>
> – Haben Sie sich seinerzeit nicht gefreut, als wir Ihre Bestellung noch am Tag ihres Eingangs erledigten? Ebenso würden wir uns freuen, wenn auch Sie unsere Rechnung umgehend begleichen würden.
>
> ♦ Berücksichtigung des mit der Zahlung verbundenen Aufwands, etwa durch bereits vollständig ausgefüllte Überweisungsträger, da viele Leute das Ausfüllen von Formularen scheuen – entweder weil sie zu unbeholfen sind oder es ihnen lästig ist.
>
> ♦ Schließlich kann es auch etwas bringen, den Chef der Schuldnerfirma bzw. die Geschäftsleitung in einem späteren Stadium noch einmal persönlich anzuschreiben:
>
> Lassen Sie sich bitte den Vorgang im Interesse unserer guten (und bisher so unproblematischen) Geschäftsbeziehung unverzüglich zur nochmaligen persönlichen Überprüfung vorlegen.
>
> – Sehr hilfreich bei der Einziehung von Auslandsforderungen können die jeweiligen deutsch-ausländischen Handelskammern sein (Informationen: DIHK, www.dihk.de, Tel.: 0 30/2 03 08-0).

Vorsicht! Schuldnerstrategien

In verschiedenen Ratgebern werden Schuldnern Tricks und Schliche vermittelt, wie die Bezahlung ausstehender Rechnungen so weit wie möglich hinausgezögert oder sogar ganz vereitelt werden kann – mit dem Ziel:

Zeit schinden, Gläubiger verunsichern, durch fortwährendes Bereiten von Schwierigkeiten den Gläubiger zum Verzicht zwingen.

Raffinierte, aber rechtlich legale Vorgehensweise

Nach Mahnung wird dem Gläubiger ein Verrechnungsscheck über einen Teilbetrag der Forderung übersandt, zum Beispiel über 4 000 Euro bei einer Forderung von 5 000 Euro, verbunden mit der Mitteilung, dass der Scheck unter der Bedingung eingelöst werde, dass eine Einigung dahin gehend zustandekomme, dass kein Mehrbetrag mehr geschuldet wird (die Angelegenheit somit insgesamt erledigt ist) und man diesbezüglich auch auf eine Annahmeerklärung der Gegenseite verzichte.

Nach der Rechtsprechung des Bundesgerichtshofs ist die Einlösung eines Schecks durch den Gläubiger ohne Widerspruch dann als rechtswirksame Annahme des unterbreiteten Vergleichsangebots zu werten.

Es reicht nicht, wenn der Gläubiger erst nach Wertstellung gegenüber dem Schuldner zum Ausdruck bringt, dass er die Zahlung nur als Abschlagszahlung auffasst, da gemäß Rechtsprechung zu diesem Zeitpunkt die Annahme des Vergleichsangebots längst erfolgt ist.

Wichtig: Um dies zu vermeiden, muss der Gläubiger vor der Scheckeinreichung durch ein Schreiben gegenüber dem Schuldner erklären, dass er das Vergleichsangebot nicht annehme und den Scheck lediglich als Abschlagszahlung betrachte. Nur bei einer solchen Vorgehensweise hat er seinen Willen nach außen kundgetan, das Angebot des Schuldners nicht anzunehmen.

Gängige Verzögerungs- und Vereitelungsstrategien des Schuldners

- Behauptung des Schuldners, Rechnung bzw. Mahnung nie erhalten zu haben

- Behauptung, im Einschreibebrief habe ein anderes Schriftstück gelegen (z. B. eine Kopie des Lieferscheins) oder Kuvert sei leer gewesen

- Schuldner mahnt einige Zeit nach Erhalt der Rechnung brieflich die angeblich noch ausstehende Rechnung an

Mahnstrategien

- Schuldner schickt Rechnung versehen mit Stempelaufdruck „Rechnung bezahlt. (+ Datum!) Buchhaltungsfehler! Bitte überprüfen!"

- Mitteilung, dass Rechnungsbetrag bedauerlicherweise auf ein falsches Konto überwiesen wurde, mit der Bitte um Geduld, Bank sei bereits mit Nachforschungen beauftragt, Überweisung erfolge nach Rückbuchung

- Mahnung wird dem Gläubiger zurückgeschickt mit Stempelaufdruck „unbekannt verzogen"

- Mitteilung des Schuldners an das zuständige Postamt, dass zu den üblichen Zustellzeiten niemand anwesend sei mit der Bitte, die Sendungen beim Postamt niederzulegen – mit dem Ziel: Fernhalten von Einschreibebriefen sowie Postzustellungen zur eigenen Wohnung; erst wenn die Mitteilung der Post über die Niederlegung im Briefkasten vorliegt, erfolgt eine telefonische Erkundigung des Schuldners über den Absender.

Gegenmaßnahmen des Gläubigers

Nachdem in solchen Fällen klar ist, dass es sich um einen besonders hartnäckigen bzw. böswilligen Schuldner handelt: Schriftstück nochmals übermitteln und Zugang nachweisbar machen, und zwar möglichst durch eine Maßnahme, die den Schuldner beeindruckt:

- Zustellung durch Gerichtsvollzieher, eventuell als Ersatzzustellung durch Niederlegung bei der Post – jedenfalls bei einem höheren Betrag

- Drohung mit Strafanzeige bzw. zumindest Androhung, der Staatsanwaltschaft den Sachverhalt mit der Bitte um strafrechtliche Würdigung zu schildern

Umgang mit dem kooperativen Schuldner

Kommen Sie dem Schuldner entgegen

Viele Gläubiger gehen unnötig leer aus, weil sie sich nicht beizeiten zu einer Ratenzahlungsvereinbarung oder einem anderen Vergleichsangebot entschließen können.

Grundsätzlich ist es nicht immer angebracht, konsequent sofortige Zahlung des vollen Betrags vom Schuldner zu verlangen.

Sehr häufig ist es erfolgversprechender, dem nicht zahlungsfähigen Schuldner, der auf Mahnung hin oder auch von selbst seine momentane Geldknappheit offenbart, entgegenzukommen.

Ein solches Entgegenkommen sollte man sich aber vom Schuldner honorieren lassen – zumindest durch eine schriftliche Ratenzahlungsvereinbarung einschließlich eines Schuldanerkenntnisses oder durch Bestehen auf eine (kostengünstige) freiwillige Titulierung der Forderung.

Wichtig: Die Titulierung einer Forderung ist Grundvoraussetzung für eine später eventuell doch erforderlich werdende Zwangsvollstreckung.

Titulierungsmöglichkeiten

- Titulierung in einer notariell vollstreckbaren Urkunde

- Zusicherung des Schuldners, dass er gegen einen gerichtlichen Mahn- und Vollstreckungsbescheid weder Widerspruch noch Einspruch einlegen wird, wobei sich der Gläubiger im Gegenzug verpflichtet, aus dem Vollstreckungsbescheid so lange nicht zu vollstrecken, wie sich der Schuldner an die getroffene Ratenzahlungsvereinbarung hält.

Wie Sie mit Soft-Power-Methoden Ihr Ziel erreichen können

Ratenzahlungsvereinbarung

Eine schriftliche Ratenzahlungsvereinbarung sollte zumindest folgende Punkte beinhalten:

* Schuldanerkenntnis
* Verzicht auf Einwendungen gegen Grund und Höhe der Forderung
* Sofortige (möglichst hohe) Anzahlung als Zeichen des guten Willens
* Konkrete Ratenzahlungsregelung (Zeitraum: möglichst nicht über ein Jahr)
* Vereinbarung angemessener Zinsen
* Verfallklausel

Formulierungsbeispiel

Ratenzahlungsvereinbarung

zwischen

.... (Gläubiger) und

.... (Schuldner)

Der Schuldner erkennt an, dem Gläubiger aus ... einen Betrag i. H. v. EUR ... nebst ...% Zinsen hieraus seit ... zu schulden.

Der Schuldner verzichtet hiermit auf Einwendungen jeder Art zu Grund und Höhe dieser Forderung.

Der Schuldner verpflichtet sich, an den Gläubiger auf dessen Konto Nr.: ... bei der ...-Bank bis spätestens ... eine Anzahlung i. H. v. EUR ... und sodann monatliche Raten i. H. v. je EUR ..., fällig jeweils am Ersten eines jeden Monats, erstmals am 1.1.20.. zu zahlen.

Die jeweilige Restforderung ist zur sofortigen Zahlung fällig, wenn der Schuldner mit einer Rate ganz oder teilweise länger als 14 Tage im Rückstand ist.

Unterschriften: Gläubiger und Schuldner

Achtung: Viele Schuldner treten zwar in die Ratenzahlung ein, schicken aber die Vereinbarung nicht unterschrieben zurück. Hierauf sollten Sie jedoch immer bestehen!

Vereinbarung einer Stundung

Eine Stundung bedeutet, dass die Fälligkeit der Forderung hinausgeschoben wird.

Auch in einer Stundungsvereinbarung sollte immer eine Erklärung des Schuldners aufgenommen werden, nach der dieser die Forderung anerkennt.

Eine Verzinsung des gestundeten Betrages kommt grundsätzlich nicht in Betracht, da Zinsen ab Fälligkeit bzw. Verzug zu zahlen sind und durch die Stundung die Fälligkeit hinausgeschoben wird.

Wichtig: Weiterhin ist zu beachten, dass durch die Stundungsvereinbarung die Verjährung nur gehemmt, nicht aber unterbrochen wird, was bedeutet, dass nach Ablauf der Stundungsfrist die Verjährung nicht neu beginnt, sondern weiterläuft.

Praxis-Tipp:

Als Gläubiger können Sie die Stundungsvereinbarung auch widerrufen, zum Beispiel wenn der Schuldner plötzlich den Anspruch bestreitet oder wenn sich die Vermögensverhältnisse des Schuldners weiter wesentlich verschlechtern.

Formulierungsbeispiel

Der Gläubiger stundet dem Schuldner den aus dem Vertrag … fälligen Betrag i. H. v. EUR … bis zum … .

Der Schuldner erkennt die o. g. Forderung an.

Verlangen von Sicherheiten

Siehe hierzu Kapitel 5.

Gewährung eines Nachlasses

Diese Möglichkeit ist wirkungsvoll und könnte mit folgendem Mustertext angeboten werden.

Formulierungsbeispiel

Um die leidige Angelegenheit endgültig aus der Welt zu schaffen, erklären wir uns entgegenkommenderweise dazu bereit, auf 20 % unserer Forderung zu verzichten, wenn Sie uns bis zum 20. des Monats 80 % des Rechnungsbetrags = EUR ... überweisen.

Einvernehmliche Titulierung

Als brauchbares Verhandlungsargument kann dem Gläubiger, der einen Vollstreckungstitel anstrebt (der titulierte Anspruch verjährt in der Regel erst nach 30 Jahren), der Hinweis auf die kostengünstige freiwillige Titulierung dienen.

Titulierungsarten

Die schnellste (unabhängig vom Geschäftsgang eines Gerichts), einfachste, kostengünstigste und im Übrigen ausgesprochen diskrete Titulierungsart ist das vollstreckbare notarielle Schuldanerkenntnis (§ 794 Abs. 1 Nr. 5 ZPO). Hierfür ist nur erforderlich, einen Beurkundungstermin bei einem Notar zu vereinbaren.

Die absolut häufigste Titulierungsart ist das gerichtliche Mahnverfahren (mehr Informationen dazu unter: www.mahnverfahren-aktuell.de). Hierbei ist keine aktive Mitwirkung, sondern nur eine Duldung des Schuldners erforderlich.

Praxis-Tipp:

Wichtigste Titulierungsart bei schweigendem (untätigem) Schuldner ist das gerichtliche Mahnverfahren, bei bestrittener Forderung dagegen das gerichtliche Klageverfahren. Die Durchführung eines Klageverfahrens ohne Zuziehung eines Rechtsanwalts ist zwar bei Streitwerten bis 5 000 Euro grundsätzlich möglich, jedoch nicht empfehlenswert.

Kleines Schutzprogramm gegen Forderungsausfälle

Klare Vertragslage schaffen

Der vorausschauende Gläubiger wird bereits im Vorfeld von den vielfältigen Schutz- und Vorsorgemaßnahmen sowie Absicherungsmöglichkeiten Gebrauch machen.

Obwohl auch mündlich geschlossene Verträge in den meisten Fällen wirksam sind, ist generell der Abschluss eines detaillierten schriftlichen Vertrags dringend zu empfehlen.

Praxis-Tipp:

Auch telefonisch geschlossene Verträge sollten zumindest immer schriftlich bestätigt werden.

Günstige Vertragsklauseln verwenden

Diesbezüglich sind insbesondere folgende zulässige – und im späteren Problemfall ungemein vorteilhafte – vertragliche Klauseln zu nennen.

Klausel 1

Der Preis beträgt EUR ... Er ist am ... zur Zahlung fällig.

Diese Klausel macht eine Mahnung entbehrlich, weil die Leistung kalendermäßig bestimmt ist (§ 286 Abs. 2 BGB). Zugleich enthebt sie den Gläubiger von dem Problem, im Bestreitensfall den Zugang der Mahnung beim Schuldner nachweisen zu müssen.

Klausel 2

Der Preis beträgt EUR ... Er ist sofort nach Lieferung zur Zahlung fällig. Verzug tritt ohne Mahnung ein.

Auch diesbezüglich ist eine Mahnung entbehrlich, weil durch diese zulässige vertragliche Vereinbarung auf die Mahnung verzichtet werden kann.

Wichtig: Diese Klausel ist in Allgemeinen Geschäftsbedingungen nicht erlaubt, sondern muss immer individuell vereinbart werden.

Klausel 3

Gerät der Käufer mit der Zahlung des Kaufpreises in Verzug, so schuldet er dem Verkäufer für die Dauer des Verzugs Verzugszinsen in Höhe von 15 % jährlich (oder: in Höhe von 5 Prozentpunkten über dem jeweiligen Diskontsatz der Bundesbank)."

Der Gläubiger braucht hier in einem etwaigen späteren Rechtsstreit keinen Nachweis bezüglich der Höhe der Verzugszinsen zu führen, da die Höhe vereinbart ist.

> **Praxis-Tipp:**
>
> In Allgemeinen Geschäftsbedingungen wird eine solche Zinsklausel von der Rechtsprechung allenfalls in Höhe von 2 Prozent über dem Bundesbankdiskontsatz für wirksam gehalten.

Klausel 4

Kommt der Schuldner mit der Zahlung einer Rate 14 Tage in Rückstand, ist der gesamte noch offene Restbetrag zur Zahlung fällig.

Diese Verfallklausel, die etwa bei einer Ratenzahlungsregelung vereinbart werden kann, hat den Zweck, die Zahlungsmoral des Schuldners zu verbessern, der ansonsten damit rechnen muss, dass er den Restbetrag auf einmal zu zahlen hat.

Klausel 5

Für jede Mahnung wird eine Pauschalgebühr von EUR 5,– erhoben.

Der Vorteil ist, dass Beweisrisiken in einem etwaigen späteren Rechtsstreit vermieden werden.

Bitte beachten: Bei Verwendung einer solchen Klausel in den Allgemeinen Geschäftsbedingungen muss hinter dem Wort „Mahnung" der Zusatz „mit Ausnahme der Erstmahnung" eingefügt werden. Außerdem darf nach der Rechtsprechung die Mahn-pauschale in Allgemeinen Geschäftsbedingungen nicht höher als 2,50 Euro sein.

Klausel 6

Wird bei Zahlungsverzug ein Inkassounternehmen mit der Forderungseinziehung beauftragt, hat der Schuldner die aus dieser Beauftragung entstehenden Kosten mit Ausnahme des Erfolgshonorars zu tragen.

Damit wird ein starker psychologischer Effekt erzielt, da der Schuldner zumindest mit einer ständigen Zusammenarbeit des Gläubigers mit einem Inkassounternehmen rechnen muss.

Außerdem hat der Gläubiger im Streitfall kein Problem, die Kosten des beauftragten Inkassounternehmens erstattet zu bekommen.

Wichtig: Eine derartige Vereinbarung ist im Übrigen auch in Allge-meinen Geschäftbedingungen des Gläubigers zulässig.

Bonitätsprüfung durchführen

Es ist dringend zu empfehlen, vor Begründung einer Forderung zu prüfen, ob der Schuldner zahlungswillig und zahlungsfähig ist.

Zahlungswilligkeit lässt sich aus Bank- oder Kreditauskünften ab-lesen, die über das bisherige Zahlungsverhalten des Schuldners berichten, Zahlungsfähigkeit ist von der Vermögenslage des Schuld-ners abhängig.

Praxis-Tipp:
Bei größeren Geschäften ist die Prüfung der Vermögenslage des Schuldners (Bonitätsprüfung) unverzichtbar.

Wie Sie Informationen über Privatschuldner einholen

Schuldnerregister

Das bei den Amtsgerichten geführte Schuldnerregister registriert diejenigen Personen, die vom Gesetz her die Eintragungsvoraussetzungen praktisch unterstellter Zahlungsunfähigkeit erfüllen.

An das Amtsgericht ...

Schuldnerregister ...

Ich bitte zum Zweck der Prüfung der Zahlungsfähigkeit um Auskunft, ob Herr ... (Anschrift) ... im dortigen Register eingetragen ist.

Schufa-Auskunft

Banken und Versandhäuser führen im Rahmen der Schutzgemeinschaft für Abzahlungskäufe (Schufa) ein bundesweites privates Schuldnerregister.

Registriert sind darin Art und Höhe von Kreditverpflichtungen und zusätzlich sogenannte Negativmerkmale, beispielsweise erforderlich gewordene Vollstreckungsmaßnahmen, insbesondere jedoch Eintragungen ins gerichtliche Schuldnerregister.

Nachdem die Firmen der angeschlossenen Branchen vor Abschluss von Geschäften bei der Schufa nach dem Schuldner rückfragen, führen Eintragungen dazu, dass der Schuldner bei den angeschlossenen Firmen keinen oder jedenfalls keinen ungesicherten Kredit erhält

In Anbetracht der umfassenden und bundesweiten Verbreitung der Angaben wird die Schufa-Eintragung bei Schuldnern meist wesentlich mehr gefürchtet als die Eintragung im Schuldnerregister.

Wichtig: Interessant ist, dass jedermann von der Schufa Auskunft über die zu seiner Person gespeicherten Daten einholen und jeder Gläubiger von seinem künftigen Schuldner die Vorlage eines solchen Auszugs verlangen kann.

Kreditauskunft

In allen größeren Städten gibt es Kreditauskunfteien (Wirtschaftsauskunfteien), die gewerbsmäßig Informationen über Personen
und Unternehmen liefern, wobei hier die Qualität sehr unter-
schiedlich sein kann.

Wie Sie Informationen über gewerblich tätige Schuldner einholen

Eine ganze Reihe von Informationen können Sie bereits durch die
Anforderung eines Handelsregisterauszugs (beim Amtsgericht!),
durch die Anforderung einer Gewerberegisterauskunft (bei den
Wirtschafts- und Ordnungsbehörden) oder durch eine Bankaus-
kunft (über die eigene Hausbank) erhalten.

Praxis-Tipp:

Es können natürlich auch die Dienste einer Wirtschaftsaus-
kunftei in Anspruch genommen werden. Informationen über
Wirtschaftsauskunfteien erhalten Sie beim Verband der Ver-
eine Creditreform (Tel.: 0 21 31/1 09-0).

Gefahr von Forderungsausfällen rechtzeitig erkennen

Überwachung der Korrespondenz

Die Bankverbindung wurde gewechselt, eventuell sogar zu einem
örtlich entfernteren Institut einer anderen Gesellschaft.

Verdacht: Der Kreditrahmen war ausgeschöpft oder es bestanden
Differenzen mit der Bank.

Praxis-Tipp:

Über die eigene Hausbank bei der bisherigen und bei der
neuen Bank Auskünfte einholen.

Der Kunde hat zu seiner Bankverbindung noch eine weitere hinzugenommen.

Mögliche Folgerung: Gefahr, dass versucht wird, durch Scheckreiterei Liquidität aufzubessern.

Praxis-Tipp:

Auskünfte über Kreditlage des Kunden einholen.

Betriebssitz ist an einen anderen Ort oder in einen anderen Amtsgerichtsbezirk verlegt worden.

Mögliche Folgerung: Neuer Standort soll Kreditwürdigkeit steigern, da möglicherweise am alten Ort das Geschäftsgebaren hinreichend bekannt war.

Praxis-Tipp:

Auskunftei mit Nachforschung beauftragen.

Auftragsüberwachung

Bisher regelmäßig erteilte Aufträge gehen nur noch sporadisch oder in Kleinmengen ein.

Mögliche Folgerung: Könnte ein Zeichen von Zahlungsunfähigkeit sein; insbesondere wenn auch Zahlungen nur noch schleppend eingehen.

Praxis-Tipp:

Ware nur noch gegen Vorauskasse liefern!

Kunde bestellt plötzlich ein Vielfaches der Menge, die er bisher bestellt hat, ohne dafür eine Erklärung zu geben.

Mögliche Folgerung: Mitanbieter, denen die Zahlungsschwierigkeiten aufgefallen sind, liefern nicht mehr.

Praxis-Tipp:
Sicherheiten erhöhen oder nur noch gegen Vorauskasse liefern.

Kunde bietet gelieferte Ware häufig im Sonderangebot und zu Niedrigpreisen an.

Mögliche Folgerung: Kunde muss wegen Zahlungsschwierigkeiten um jeden Preis verkaufen und Umsatz machen.

Praxis-Tipp:
Nach Gründen fragen und Lieferkredit in keinem Fall erhöhen.

Überwachung des Zahlungsverhaltens

Schon bei kleineren Rechnungen wird ein Hinweis auf einen angeblich nur kurzzeitigen finanziellen Engpass gegeben – unter weiterem Hinweis auf den in Aussicht stehenden Großauftrag, der alle Probleme lösen soll.

Mögliche Folgerung: Große Liquiditätsprobleme.

Praxis-Tipp:
Gehen Sie der Sache unbedingt nach.

Kunde ändert seine bisherige Zahlungsweise, etwa vom Scheck auf den Wechsel.

Mögliche Folgerung: Wegen Liquiditätsschwierigkeiten wird versucht, zu längeren Laufzeiten zu gelangen.

Praxis-Tipp:
Aufpassen und nachforschen.

Kunde überschreitet Zahlungsziele, verzichtet plötzlich auf Skonto-ausnutzung und bittet um Stundung.

Mögliche Folgerung: Kreditfähigkeit ist gefährdet.

Praxis-Tipp:

Sicherheiten erhöhen oder Kreditlimit reduzieren.

Es werden Teilzahlungen auf alte Schulden angeboten und geleistet und gleichzeitig für die Zukunft höhere Teilaufträge versprochen.

Mögliche Folgerung: Kunde will Zeit gewinnen, um aus einem finanziellen Engpass herauszukommen, die Teilzahlungen sollen zugleich beruhigend wirken.

Praxis-Tipp:

Auf Ausgleich der Rechnungen in überschaubarer Zeit bestehen und nur noch gegen Vorauskasse liefern.

Kunde bietet für Außenstände Sicherheiten in Form von Forderungsabtretungen an.

Mögliche Folgerung: Bank ist nicht mehr bereit, Außenstände des Kunden zu bevorschussen.

Praxis-Tipp:

Ablehnen, da möglicherweise diese Forderungen anderweitig abgetreten sind oder bereits Eigentumsvorbehalte bestehen.

Es kommt zu Scheckrückgaben und Wechselprotesten. Folgerung: Kunde ist nicht mehr zahlungsfähig.

Praxis-Tipp:

Sofort alle Lieferungen einstellen und die unter Eigentums-vorbehalt gelieferte Ware schnellstens zurückholen.

Dass das Bekanntwerden von Entlassungen in größerem Umfang oder der Schließung von Filialen auf gravierende finanzielle Probleme beim Schuldner schließen lässt, bedarf wohl keiner weiteren Erörterung!

Sicherheiten verlangen

Wenn keine Barzahlung möglich ist, empfiehlt es sich, die Forderung zumindest in irgendeiner Form zu besichern, das heißt der Schuldner muss dem Gläubiger neben der Forderung ein weiteres Recht einräumen, aus dem sich der Gläubiger befriedigen kann, wenn die Forderung selbst nicht fristgemäß bezahlt wird.

Die wichtigsten Sicherungsmaßnahmen

- Eigentumsvorbehalt (§ 449 BGB)
- Sicherungsübereignung (§ 930 BGB)
- Forderungsabtretung (§ 398 BGB)
- Bürgschaft (§ 765 BGB)
- Schuld- oder Garantieversprechen (§ 780 BGB)
- Pfandrecht (§ 1204 BGB)

Praxis-Tipp:

Gehen Sie beispielsweise beim Verlangen einer Bürgschaft möglichst diplomatisch vor, indem Sie etwa darauf hinweisen, dass dies nur eine Routineangelegenheit ist.

Wichtig: Jedes Unternehmen sollte sich immer zumindest Gedanken darüber machen, ob nicht – um sich gegen größere Forderungsausfälle (z. B. Insolvenz eines Hauptkunden) abzusichern – eine Kreditversicherung abgeschlossen werden sollte. Die Beiträge für eine solche Kreditversicherung richten sich beispielsweise nach den erwarteten Außenständen oder – bei kleineren Firmen – nach dem Vorjahresumsatz. Weitere Informationen zum Thema Kredit-versicherung erhalten Sie zum Beispiel von der Hermes Kreditver-sicherungs-AG in Hamburg, Tel.: 0 40/88 34-0.

Ausführliche Informationen zum möglicherweise ebenfalls inte-ressanten Thema „Factoring" (Verkauf aller Forderungen gegen gewerbliche Kunden an ein sogenanntes Factoring-Unterneh-men, das die Forderungen vorfinanziert und das Risiko trägt) erhalten Sie vom Deutschen Factoring-Verband e. V. in Berlin, Tel.: 0 30/20 65 46 54.

Zahlungsfördernde Rechnungen stellen

Abschließend ist noch darauf hinzuweisen, dass der Gläubiger auch durch entsprechende Rechnungsstellung auf baldigen Zah-lungseingang hinwirken kann:

* Stellen Sie Rechnungen so bald wie möglich, um dem Gläubi-ger zu zeigen, dass Sie an einem schnellen Zahlungseingang interessiert sind.

* Stellen Sie Rechnungen auch so sorgfältig (eventuell genau spezifiziert) und ausdrucksstark (eventuell auch auffällig) wie möglich, um den Cashflow (Kassenzufluss) zu beschleunigen.

* Setzen Sie immer eine eindeutige Zahlungsfrist (am besten ein Kalenderdatum).

* Animieren Sie den Schuldner zu baldiger Zahlung, indem Sie in der Rechnung für diesen Fall ein attraktives Skontoangebot unterbreiten. Berücksichtigen Sie dabei, dass Ihre Skontosätze immer über dem Zinsniveau für Bankkredite liegen sollten, da dies den Schuldner dazu motiviert, Ihre Rechnungen rasch zu bezahlen, weil es wirtschaftlich sinnvoll ist. Heben Sie dabei hervor, dass es sich bei Ihrem Skontoangebot um keinen Preisnachlass handelt, sondern um ein Zahlungsanreiz-programm!

* Fügen Sie der Rechnung immer bereits ausgefüllte Über-weisungsformulare bei!

Checkliste: Forderungsausfälle minimieren

- Schaffen Sie eine klare Vertragslage!
- Verwenden Sie günstige Vertragsklauseln!
- Beachten Sie die Frühwarn-Anzeichen
- Nehmen Sie eine Bonitätsprüfung vor!
- Verlangen Sie ggf. Sicherheiten und im Zweifelsfall eine Anzahlung!
- Stellen Sie zahlungsfördernde Rechnungen!
- Überdenken Sie schließlich grundsätzlich die Möglichkeiten des Abschlusses einer Kreditversicherung bzw. des Factorings!

Musterbriefe für jede Mahnsituation

Standard-Mahnungen

1. Mahnstufe

Muster 1

Name   Ort, Datum
Straße
Ort

Unsere Rechnung vom ...

Sehr geehrte Damen und Herren,

leider haben wir auf unsere o. g. Rechnung bis heute keinen Zahlungseingang verzeichnen können.

Wir gehen davon aus, dass dies auf einem organisatorischen Versehen beruht, müssen Sie aber dennoch höflich auffordern, das Versäumte umgehend nachzuholen, da unsere Zahlungsziele Bestandteil unserer Kalkulation sind.

Sollten Sie allerdings den Rechnungsbetrag in den letzten Tagen bereits überwiesen haben, betrachten Sie bitte dieses Schreiben als gegenstandslos.

Mit freundlichen Grüßen

(Unterschrift)

Mahnstrategie

- Kunde soll nicht verärgert werden
- positive Beziehungsebene soll erhalten werden

Einsetzbarkeit

- grundsätzlich fast immer
- allerdings eher unpersönliche Dutzendmahnung

Stil bzw. Tonart

- schlichter Sachstil, freundlich, höflich

Praxis-Tipp:

Wenn der Schuldner durch die 1. Mahnung erst in Verzug gesetzt werden muss – dies ist insbesondere dann erforderlich, wenn nicht schon vertraglich eine nach dem Kalender bestimmte Zahlungsfrist vereinbart wurde –, ist zu beachten, dass nach der Rechtsprechung Voraussetzung für diese verzugsbegründende Mahnung ist, dass eine eindeutige und bestimmte Aufforderung vorliegt, mit der der Gläubiger unzweideutig zum Ausdruck bringt, dass er die geschuldete Leistung verlangt, wobei dies allerdings auch in höflicher Form geschehen kann.

Muster 2

Name   Ort, Datum
Straße
Ort

Unsere Rechnung vom ...

Lieber Kunde,

in der Anlage übersende ich Ihnen unseren neuesten Prospekt,
der einige sehr günstige Sonderangebote enthält.

Bei dieser Gelegenheit erlaube ich mir, Sie darauf aufmerksam
zu machen, dass Sie offenbar die Begleichung meiner Rechnung
vom ... übersehen haben.

Zu Ihrer Arbeitserleichterung habe ich deshalb ein bereits vollständig ausgefülltes Überweisungsformular beigefügt.

Mit freundlichen Grüßen

(Unterschrift)

Anlage

Mahnstrategie

■ Die Verbindung der Inkassofunktion mit der Marketingfunktion zeigt das Interesse an der Fortführung der Geschäftsbeziehung.

■ Mit der nur beiläufigen Erwähnung gibt man zu verstehen, dass man aus der Angelegenheit keine große Affäre machen will.

■ Die Zahlung wird leicht gemacht.

Einsetzbarkeit

■ Praktisch immer einsetzbar, wenn man gerade ein Angebot machen kann.

Stil bzw. Tonart

■ schlichter Sachstil, freundlich, höflich

Praxis-Tipp:

◆ Nicht als verzugsbegründende Mahnung verwenden.

◆ Es muss nicht unbedingt ein Prospekt, sondern kann auch ein Angebot in anderer Form sein.

◆ Verwendung der Ich-Form wirkt persönlich.

Muster 3

Name   Ort, Datum
Straße
Ort

Ihr Auftrag vom ...
Unsere Rechnung vom ...

Guten Tag, Herr ...!

Fassen Sie diesen Brief bitte nicht als Mahnung im üblichen Sinn
auf.
Wir wissen, dass Sie die Zahlung nicht mit Absicht verzögert
haben.
Es ist bei der Fülle der täglichen Aufgaben durchaus
verständlich, dass trotz aller Sorgfalt einmal ein Zahlungstermin
unbeachtet bleibt.
Bitte zahlen Sie aber jetzt doch bis spätestens ...

Vielen Dank im Voraus und freundliche Grüße

(Unterschrift)

Mahnstrategie

■ Kunden auf keinen Fall verärgern, Beziehungsebene positiv erhalten!

■ Man zeigt Verständnis, die Mahnung kann deshalb nicht übel genommen werden.

Einsetzbarkeit

■ insbesondere bei wichtigen Kunden

Stil bzw. Tonart

■ besonders vorsichtig, moderat

Praxis-Tipp:

Nicht unbedingt als verzugsbegründende Mahnung verwenden.

Muster 4

Name   Ort, Datum
Straße
Ort

Unsere Rechnung vom ...

Sehr geehrte Damen und Herren,

in o. g. Angelegenheit möchten wir höflich anfragen, ob der offene Saldo auf Ihrem Konto auf Richtigkeit beruht oder vielleicht ein Versehen unserer Buchhaltungsabteilung vorliegt.

Möglicherweise wurde der Betrag irrtümlich dem Konto eines anderen Kunden gutgeschrieben.

Für die freundliche Überprüfung der Angelegenheit bedanken wir uns im Voraus recht herzlich.

Mit freundlichen Grüßen

(Unterschrift)

Mahnstrategie

- Kunde soll nicht verärgert werden
- Wohlwollen erhalten

Einsetzbarkeit

- bei wichtigen, guten Kunden

Stil bzw. Tonart

- besonders vorsichtig, moderat

Praxis-Tipp:
Nicht als verzugsbegründende Mahnung verwenden.

Muster 5

Name   Ort, Datum
Straße
Ort

Unsere Rechnung vom ...

Sehr geehrte Kundin,

wir haben uns alle Mühe gegeben, Sie rasch und preiswert zu
beliefern.
Deshalb werden Sie es uns auch nicht verübeln, wenn wir von
Ihnen ebenso pünktliche Zahlung erwarten.
Für den Zahlungseingang haben wir uns den ... vorgemerkt.

Mit freundlichen Grüßen

(Unterschrift)

Mahnstrategie

- Appell an Ehrgefühl, Gerechtigkeitssinn, Vertragstreue, Billig-keitsempfinden

Einsetzbarkeit

- Fast immer einsetzbar, wenn man selbst schnell und preisgünstig geliefert hat.

Stil bzw. Tonart

- verbindlich, moderat

Praxis-Tipp:

Mahnen Sie Firmen möglichst nicht zu Zeiten der Lohn- bzw. Gehaltszahlung.

2. Mahnstufe

Muster 6

Name   Ort, Datum
Straße
Ort

Unsere Rechnung vom ...

Sehr geehrte Damen und Herren,

trotz unserer Mahnung vom ... wurde o. g. Rechnung immer noch nicht ausgeglichen.

Wir müssen Sie demgemäß nunmehr mit aller Bestimmtheit auffordern, den laut unten stehender Aufstellung fälligen Betrag zur Vermeidung weiterer Kosten und Unannehmlichkeiten bis spätestens ... an uns zu überweisen.

Aufstellung:

Rechnung vom ... über	EUR ...
Verzugszinsen (... % p.a.) =	EUR ...
Mahnkosten 2 x EUR 2,50 =	EUR 5,–
Summe	EUR ...

Mit freundlichen Grüßen

(Unterschrift)

Mahnstrategie

- Schuldner schon etwas beeindrucken

Einsetzbarkeit

- nicht unbedingt bei ganz wichtigen Kunden

Stil bzw. Tonart

- schlichter, nüchterner Sachstil, relativ energisch

Muster 7

Name   Ort, Datum
Straße
Ort

Unsere Forderung über EUR ...

Sehr geehrte Frau ...,

haben Sie unsere Mahnung vom ... übersehen?
Damit Sie sie nicht erst mühsam heraussuchen lassen müssen,
fügen wir nochmals eine Kopie in der Anlage bei.
Bitte veranlassen Sie das Notwendige in den nächsten Tagen.

Mit freundlichen Grüßen

(Unterschrift)

Anlage

Mahnstrategie

- Kunden nicht verärgern
- baut Brücke
- positive Beziehungsebene bleibt

Einsetzbarkeit

- bei guten, ständigen Kunden

Stil bzw. Tonart

- freundlich, verbindlich

Praxis-Tipp:

Alternativ-Formulierung für Mahnung: Zahlungserinnerung

Muster 8

Name   Ort, Datum
Straße
Ort

Unsere Rechnung vom ...
Unsere Mahnung vom ...

Sehr geehrte Damen und Herren,

niemand schreibt gern Mahnungen. Auch wir nicht!

Rein rechtlich könnten wir Ihnen jetzt Mahngebühren und Verzugszinsen in Rechnung stellen. Wir sehen hiervon jedoch noch einmal ab und hoffen, dass Sie sich für diese kulante Haltung mit einer postwendenden Überweisung revanchieren werden.

Mit freundlichem Gruß

(Unterschrift)

Mahnstrategie

■ Schuldner zur Zahlung motivieren

■ Beziehungsebene positiv erhalten

Einsetzbarkeit

■ nahezu immer einsetzbar

Stil bzw. Tonart

■ moderat, wohlwollend

Muster 9

Name   Ort, Datum
Straße
Ort

Unsere Rechnung vom ...
Unsere Mahnung vom ...

Sehr geehrte Damen und Herren,

wir können uns nicht vorstellen, dass Sie die Dinge auf die Spitze treiben wollen, sondern nehmen an, dass Sie triftige Gründe für die Zahlungsverzögerung haben.

Sollte es Ihnen vielleicht im Augenblick nicht möglich sein, den vollen Betrag aufzubringen, weil Sie eventuell selbst Außenstände haben, wären wir die Letzten, die in einem solchen Fall nicht mit sich reden ließen.

Unsere grundsätzliche Kompromissbereitschaft zeigt Ihnen der beiliegende Antwortcoupon mit Freiumschlag.

Mit freundlichen Grüßen

(Unterschrift)

Anlagen:
Antwortcoupon, Freiumschlag

Antwortcoupon:

☐ Zum Ausgleich Ihrer Rechnung vom ... sende ich Ihnen anliegend einen Verrechnungsscheck über EUR ...

☐ Ich muss den beiliegenden Verrechnungsscheck über EUR ... auf den ... vordatieren, da mir im Moment die flüssigen Mittel fehlen.

☐ Ich werde den fälligen Betrag spätestens bis zum ... überweisen.

☐ Ich möchte Ihre Rechnung in monatlichen Raten von EUR ... begleichen, beginnend am ...

☐ Heute übersende ich Ihnen per Verrechnungsscheck eine Teilzahlung über EUR ..., die Tilgung der Restschuld stelle ich mir wie folgt vor: ....

☐ Anderer Vorschlag: ....

Mahnstrategie

- zur Reaktion animieren, aus Schneckenhaus locken
- Taktik: Alternativen stellen, Auswahl ermöglichen

Einsetzbarkeit

- bei wichtigen Kunden

Stil bzw. Tonart

- wohlwollend, verbindlich

Muster 10

Name   Ort, Datum
Straße
Ort

Forderungsausgleich

Sehr geehrte Damen und Herren,

wir haben leider keine Möglichkeit festzustellen, warum Sie
unsere Rechnung vom ... über EUR ... trotz unserer Mahnung
vom ... immer noch nicht beglichen haben. Wir können nur
Vermutungen anstellen:

- Haben Sie die Angelegenheit einfach nur übersehen?
- Haben Sie vielleicht momentan einen kleinen finanziellen
  Engpass wegen eigener Außenstände?

Es kostet Sie doch nur wenige Minuten, uns anzurufen oder
einen kurzen Brief zu schreiben, um die Sachlage zu erklären.
Ein für beide Seiten akzeptabler Kompromiss ließe sich
erforderlichenfalls bestimmt erzielen.

Am liebsten wäre es uns allerdings, wenn wir in den nächsten
Tagen eine Gutschriftsanzeige von unserer Bank oder aber von
Ihnen einen Scheck über den offenen Betrag erhielten.

Mit freundlichen Grüßen

(Unterschrift)

Mahnstrategie

- zur Reaktion animieren, aus dem Schneckenhaus locken
- Gehen Sie ausführlicher auf eventuelle Probleme des Schuldners ein und zeigen Sie ihm dadurch, dass Sie ihn respektieren.

Einsetzbarkeit

- nur bei wichtigen Kunden

Stil bzw. Tonart

- moderat, verbindlich

3. Mahnstufe

Muster 11

Name   Ort, Datum
Straße
Ort

Unsere Rechnung vom ...

Sehr geehrte Damen und Herren,

trotz zweifacher Mahnung ist die o. g. Rechnung immer noch nicht beglichen. Wir fordern Sie hiermit letztmalig zur Zahlung des Betrags in Höhe von EUR ... bis spätestens ... auf.
Nach erfolglosem Ablauf dieser neuerlichen Frist wären wir gezwungen, entweder ein Inkassounternehmen mit der Einziehung der Forderung zu beauftragen oder aber ohne weitere vorherige Ankündigung gerichtliche Schritte einzuleiten.

Mit freundlichen Grüßen

(Unterschrift)

Mahnstrategie

■ Schuldner beeindrucken durch Androhung unangenehmer Konsequenzen

Einsetzbarkeit

■ Meist einsetzbar, außer vielleicht bei ganz wichtigen Kunden, die man auf keinen Fall verlieren will.

Stil bzw. Tonart

■ energisch, massiv drohend

Praxis-Tipp:

♦ Derartige 3. Mahnung – um den Schuldner noch mehr zu beeindrucken – durch Gerichtsvollzieher zustellen lassen.

♦ Mahnungszugang ist mit einem Gerichtsvollzieher eindeutig nachweisbar.

Muster 12

Name   Ort, Datum
Straße
Ort

Unsere Rechnung vom ... über EUR ...

Sehr geehrte Damen und Herren,

nachdem Sie auf unsere beiden Mahnungen in keinster Weise
reagiert haben, können auch wir jetzt keine Rücksicht mehr auf
Sie nehmen.

Wir haben uns demgemäß nunmehr entschlossen, gerichtlich
gegen Sie vorzugehen. Den Antrag auf Erlass eines gerichtlichen
Mahnbescheids werden wir am ... beim Amtsgericht einreichen.

Bis zu diesem Zeitpunkt haben Sie somit noch Gelegenheit, Ihre
Verbindlichkeiten zu begleichen.

Mit freundlichen Grüßen

(Unterschrift)

Mahnstrategie

- Muskeln spielenlassen
- dem Schuldner den Ernst der Lage klarmachen

Einsetzbarkeit

- nicht bei wichtigen Kunden, eher bei Privatschuldnern

Stil bzw. Tonart

- energisch, massiv drohend

Praxis-Tipp:

Noch wirkungsvoller, wenn man dem Schreiben eine Foto-kopie des bereits vollständig ausgefüllten Mahnbescheids beilegt.

Muster 13

Name   Ort, Datum
Straße
Ort

Unsere Rechnung vom ... über EUR ...
Unsere Mahnungen vom ... und vom ...

Sehr geehrter Herr ...,

Sie können uns nicht zumuten, dass wir in dieser Sache noch
weitere Mahnungen an Sie richten, während Sie es vorziehen zu
schweigen.

Wir haben deshalb unseren Rechtsanwalt, Herrn Dr. ..., beauftragt, in genau 14 Tagen ab Datum dieses Schreibens gerichtlich
gegen Sie vorzugehen, wenn bis dahin unsere Forderung nicht
beglichen ist.

Noch haben Sie es selbst in der Hand, sich die dadurch entstehenden nicht unerheblichen Kosten und Unannehmlichkeiten
zu ersparen.

Mit freundlichen Grüßen

(Unterschrift)

Mahnstrategie

- Erzeugt noch größeren Druck durch sehr konkrete Drohung mit weiter reichenden Konsequenzen (hohe Rechtsanwaltsgebühren, eventuell sogar gerichtliches Klageverfahren).

- Deutliches Signal, dass man in Kürze Ernst macht.

Einsetzbarkeit

- auf keinen Fall bei wichtigen Kunden, die man nicht verlieren will, eher bei Privatschuldnern

Stil bzw. Tonart

- energisch, massiv drohend

Muster 14

Name   Ort, Datum
Straße
Ort

Unsere Forderung in Höhe von EUR ...

Sehr geehrte Frau ...,

am ... erhielten Sie von uns ... Die Lieferung erfolgte fristgemäß und mängelfrei.

Nachdem auf unsere Rechnung vom ... keine Zahlung erfolgte, wurden Sie von uns mit Schreiben vom ... an die Zahlung erinnert. Diese 1. Mahnung blieb ebenso erfolglos wie unsere 2. Mahnung vom ... Unsere Geduld ist jetzt zu Ende!

Sollten wir auch bis zum ... keinen Zahlungseingang verzeichnen können, sind wir gezwungen, entweder ein Inkassounternehmen zu beauftragen oder das gerichtliche Mahnverfahren einzuleiten.

Mit freundlichen Grüßen

(Unterschrift)

Mahnstrategie

- Schuldner beeindrucken durch Androhung von Konsequenzen
- Ernst der Lage klarmachen

Einsetzbarkeit

- nicht bei wichtigen Kunden

Stil bzw. Tonart

- energisch, massiv drohend

Muster 15

Name   Ort, Datum
Straße
Ort

Unsere Forderung in Höhe von EUR ...

Sehr geehrter Herr ...,

nachdem wir trotz mehrfacher Zahlungsaufforderungen von Ihnen weder eine Überweisung des o. g. Betrags noch eine Erklärung für die Zahlungsverzögerung erhalten haben, gehen wir davon aus, dass Sie mit dem Einzug des Betrags durch die Post einverstanden sind.

Wir werden diese am ... damit beauftragen, wenn wir bis dahin weiterhin keine Nachricht von Ihnen erhalten haben.

Mit freundlichen Grüßen

(Unterschrift)

Mahnstrategie

- Schuldner beeindrucken

Einsetzbarkeit

- eher bei Privatkunden

Stil bzw. Tonart

- energisch

Praxis-Tipp:

Postnachnahme bedeutet das Zuschicken eines Briefs per Nachnahme (meist nur über einen Teilbetrag der Forderung).

Löst der Schuldner die Nachnahme ein, wird der entsprechende Betrag der Forderung gutgeschrieben.

Muster 16

Name   Ort, Datum
Straße
Ort

Unsere Rechnung vom ...
Unsere Mahnungen vom ... und vom ...

Sehr geehrte Damen und Herren,

in o. g. Angelegenheit müssen wir Ihnen leider mitteilen, dass wir auf keinen Fall bereit sind, die Sache noch länger in der Schwebe zu halten.

Wenn Ihre Zahlung nicht bis spätestens ... bei uns eingeht, werden wir unsere Forderung an ein Inkassounternehmen abtreten bzw. verkaufen.

Sie müssten dann, abgesehen von den entstehenden Kosten, damit rechnen, dass mit allen Mitteln gegen Sie vorgegangen wird.

Mit freundlichen Grüßen

(Unterschrift)

Mahnstrategie

- Muskeln spielen lassen

- deutliches Signal setzen, dass man jetzt Ernst macht (durch Androhung gravierender Konsequenzen)

Einsetzbarkeit

- auf keinen Fall bei wichtigen Kunden

Stil bzw. Tonart

- sehr aggressiv formuliert (besonders massiver Wirkungsstil)

Muster 17

Name   Ort, Datum
Straße
Ort

Unsere Forderung in Höhe von EUR ...

Sehr geehrte Frau ...,

wir müssen Ihnen heute bereits zum dritten Mal wegen des Ausgleichs unserer Rechnung vom ... über EUR ... schreiben.

Mahnungen schreiben macht keinen Spaß und kostet auch noch Zeit und Geld. Sie werden deshalb verstehen, dass unsere Geduld langsam zu Ende geht.

Daher heute unsere ernst gemeinte Aufforderung: Lassen Sie uns keinen Tag mehr länger warten!

Mit freundlichen Grüßen

(Unterschrift)

Mahnstrategie

- Schuldner beeindrucken durch vage Androhung von Konsequenzen

Einsetzbarkeit

- meistens einsetzbar, gerade auch bei Privatschuldnern

Stil bzw. Tonart

- eindringlich, streng

Muster 18

Name   Ort, Datum
Straße
Ort

Unsere Rechnung vom ...
Unsere Mahnungen vom ... und vom ...

Sehr geehrter Herr ...,

wir wenden uns hiermit heute direkt an Sie, um die oben im Betreff genannte leidige Mahnangelegenheit vielleicht doch noch gütlich aus der Welt zu schaffen.

Lassen Sie sich doch bitte den Vorgang im Interesse unserer guten und bisher so unproblematischen Geschäftsbeziehung unverzüglich zur nochmaligen persönlichen Überprüfung vorlegen.

Vielen Dank!

Mit freundlichen Grüßen

(Unterschrift)

Mahnstrategie

- baut noch einmal eine Brücke
- erhält Beziehungsebene positiv

Einsetzbarkeit

- letztes Mittel bei wichtigen Großkunden
- direkt an Chef bzw. Geschäftsleitung adressieren

Stil bzw. Tonart

- sehr moderat

Praxis-Tipp:

Eventuell noch erwähnen, dass es in Ihrem Hause eigentlich nicht üblich ist, sich wegen einer offenen Rechnung direkt an die Geschäftsleitung zu wenden.

Muster 19

Name   Ort, Datum
Straße
Ort

Unsere Rechnung vom ...
Unsere Mahnungen vom ... und vom ...

Sehr geehrter Herr ...,

Sie verlangen sehr viel Geduld von uns.

Von einem seriösen Geschäftsmann sollte man doch erwarten können, dass wenigstens die Gründe für eine Zahlungsverzögerung mitgeteilt werden.

Wir setzen Ihnen diesbezüglich hiermit eine letzte Frist bis zum ...

Ein eventueller Ratenzahlungsvorschlag von Ihnen könnte im Übrigen dann unsere Zustimmung finden, wenn er mit einer sofortigen, angemessenen Anzahlung verbunden ist.

Mit freundlichem Gruß

(Unterschrift)

Mahnstrategie

- Appell an kaufmännische Ehre
- aus dem Schneckenhaus locken durch Zeigen von Kompromiss-bereitschaft

Einsetzbarkeit

- wenn man mit Ratenzahlung einverstanden ist

Stil bzw. Tonart

- für 3. Mahnung immer noch relativ moderat

Praxis-Tipp:

Alternativ-Formulierung: Mit der Begleichung der Schuld in sechs Monatsraten à EUR … wären wir einverstanden.

Muster 20

Name   Ort, Datum
Straße
Ort

Unsere Rechnung vom ...
Unsere Mahnungen vom ... und vom ...

Sehr geehrte Damen und Herren,

als letzten Versuch einer gütlichen Regelung der Angelegenheit unterbreiten wir Ihnen folgenden Teilzahlungsvorschlag, an den wir uns bis zum ... gebunden fühlen:

Sie erkennen an, uns aus ... einen Betrag in Höhe von EUR ... nebst ... % Zinsen hieraus seit ... zu schulden. Sie verzichten hiermit auf Einwendungen jeder Art zu Grund und Höhe dieser Forderung.

Sie verpflichten sich, an uns auf unser Konto Nr.: ... bei der

...-Bank bis spätestens ... eine Anzahlung in Höhe von EUR ... und sodann monatliche Raten in Höhe von je EUR ..., fällig jeweils am ersten einen jeden Monats, erstmals am 1. 3. ..., zu zahlen.

Die jeweilige Restforderung ist zur sofortigen Zahlung fällig, wenn Sie mit einer Rate ganz oder teilweise länger als 14 Tage im Rückstand sind.

Sollten Sie auch auf dieses Angebot bis zum o. g. Zeitpunkt nicht reagieren, werden wir umgehend rechtliche Schritte einleiten.

(Unterschrift)

Rückantwort:
Vorschlag angenommen

Datum, Unterschrift Schuldner

Mahnstrategie

- noch einmal eine Brücke bauen

- aus dem Schneckenhaus locken

- „Der Spatz in der Hand ist besser als die Taube auf dem Dach."

Einsetzbarkeit

- wenn man mit Ratenzahlung leben kann oder wenn man die Verjährung durch ein Schuldanerkenntnis unterbrechen will

Stil bzw. Tonart

- für 3. Mahnung: relativ moderat, entgegenkommend

Praxis-Tipp:

Die Verjährung wird auch durch einen gerichtlichen Mahnbescheid unterbrochen, nicht jedoch durch außergerichtliche Mahnungen des Gläubigers.

Locker formulierte Mahnungen

1. Mahnstufe

Muster 21

Name   Ort, Datum
Straße
Ort

Unsere Forderung über EUR ... gemäß Rechnung vom ...

Sehr geehrte Damen und Herren,

es gibt drei Möglichkeiten, warum wir bisher noch keinen Zahlungseingang von Ihnen verzeichnen konnten:
Dieser Brief und Ihre Überweisung haben sich überschnitten.
Es gibt ein Missverständnis bzw. ein Problem. In diesem Fall sollten Sie sich noch heute mit ... telefonisch in Verbindung setzen (Durchwahl: ...).
Sie haben unsere Rechnung einfach übersehen. Dann freuen Sie sich bestimmt, dass wir Sie hiermit daran erinnern und werden uns den Betrag umgehend überweisen.

Mit freundlichen Grüßen

(Unterschrift)

Mahnstrategie

- zur Reaktion (Durchwahl) bzw. Zahlung animieren

Einsetzbarkeit

- fast immer einsetzbar

Stil bzw. Tonart

- locker, flott, salopp formuliert

Praxis-Tipp:

Nicht unbedingt als verzugsbegründende Mahnung verwenden.

Muster 22

Name   Ort, Datum
Straße
Ort

Unsere Rechnung vom ...

Sehr geehrte Damen und Herren,

in o. g. Angelegenheit bitten wir zu unserer Information über den
Stand der Angelegenheit um kurzfristige Rückübersendung bzw.
Rückfax des nachfolgenden Antwortcoupons.

Mit freundlichen Grüßen

(Unterschrift)

Antwortcoupon:

☐ Ich habe Ihre Rechnung noch nicht bezahlt, weil ....
   ....

☐ Der Rechnungsausgleich ist bereits am ... per Scheck/Überweisung erfolgt.

☐ Die Fälligkeit wurde übersehen. Die Zahlung erfolgt bis spätestens ...

☐ Die Rechnung liegt uns nicht vor. Wir bitten um Übersendung einer Kopie.

☐ Ich kann den Betrag leider nicht auf einmal bezahlen und möchte deshalb gerne
   eine Ratenzahlungsvereinbarung treffen.

☐ Sonstiges: ....

Mahnstrategie

- Schuldner aus Schneckenhaus locken, zur Reaktion animieren, Brücke bauen

- Das Anbieten von Alternativen ist eine Erfolg versprechende Taktik: Es ermöglicht eine Auswahl, dadurch wird die Wahrscheinlichkeit für ein „Ja" erhöht; es vermittelt außerdem das Gefühl, selbst unter mehreren Möglichkeiten die richtige Entscheidung treffen zu können und führt zu einem positiven Klima.

Einsetzbarkeit

- bei guten, ständigen Kunden

Stil bzw. Tonart

- schon etwas ausgefallener Mahntext, verbindlich

Praxis-Tipp:
Nicht als verzugsbegründende Mahnung verwenden.

Muster 23

Name   Ort, Datum
Straße
Ort

Rechnungsausgleich

Sehr geehrter Herr ...,

leider hat Sie bisher irgendetwas daran gehindert, den offenen Betrag in Höhe von EUR ..., der am ... fällig war, zu begleichen.

Als Geschäftsinhaber wissen Sie selbst am besten, dass Mahnbriefe zu den unangenehmsten Briefen überhaupt gehören.

Nichtsdestotrotz müssen sie aber doch geschrieben werden.

Machen Sie es bitte uns und sich selbst leicht und überweisen Sie o. g. Betrag in den nächsten Tagen.

Mit freundlichen Grüßen

(Unterschrift)

Mahnstrategie

- positive Beziehungsebene soll erhalten werden

Einsetzbarkeit

- geeignet, wenn der Mahnbrief direkt an den Geschäftsinhaber adressiert wird

Stil bzw. Tonart

- locker, salopp, verbindlich

Muster 24

Name   Ort, Datum
Straße
Ort

Unsere Rechnung vom …

Sehr geehrter Herr …,

als guter Geschäftsmann werden Sie sicher Verständnis dafür
haben, dass wir auf den pünktlichen Eingang unserer Außenstände angewiesen sind.

Im Übrigen wollen doch wohl auch Sie noch vor Jahresende in
Ihren Büchern „reinen Tisch" machen.

Wir bitten Sie deshalb um Zahlung bis spätestens …

Mit freundlichen Grüßen

(Unterschrift)

Mahnstrategie

- Appell an kaufmännisches Ehrgefühl

Einsetzbarkeit

- nur geeignet als Mahnung am Jahresende (November, Anfang Dezember)

Stil bzw. Tonart

- flott, salopp formuliert

Muster 25

Name   Ort, Datum
Straße
Ort

Unsere Rechnung vom ...

Sehr geehrte Damen und Herren,

wir möchten gerne bei Ihnen den altbekannten Spruch in
Erinnerung rufen:

„Was du heute kannst besorgen, das verschiebe nicht auf
morgen!"

In diesem Sinne sehen wir Ihrer umgehenden Zahlung nunmehr
zuversichtlich entgegen.

Mit freundlichen Grüßen

(Unterschrift)

Mahnstrategie

- Poesie schafft Sympathie.

- In der Kürze liegt die Würze.

Einsetzbarkeit

- nicht bei biederen, konservativen, überseriösen Schuldnern

Stil bzw. Tonart

- locker, pfiffig

Praxis-Tipp:

Nicht als verzugsbegründende Mahnung verwenden.

Muster 26

Name   Ort, Datum
Straße
Ort

Unsere Rechnung vom …

Sehr geehrte Damen und Herren,

ist bei Ihnen in o. g. Angelegenheit irgendetwas schief gelaufen?
Stellen Sie gerade Ihre Software um oder haben Sie vielleicht
einen neuen Mitarbeiter, der noch nicht so ganz eingearbeitet
ist?
Was auch immer der Grund ist, jedenfalls ist unsere Rechnung
noch unbeglichen.
Bitte zahlen Sie nunmehr bis spätestens …

Mit freundlichen Grüßen

(Unterschrift)

Mahnstrategie

- baut Brücke, erhält Beziehungsebene positiv

Einsetzbarkeit

- bei größeren wichtigen Kunden

Stil bzw. Tonart

- locker, lässig

Praxis-Tipp:

Alternativ-Formulierung: Mitarbeiter in Ihrer Finanz- oder Kreditorenbuchhaltung

2. Mahnstufe

Muster 27

Name   Ort, Datum
Straße
Ort

Unsere Rechnung vom ...
Unsere Mahnung vom ...

Sehr geehrter Herr ...,

nun muss ich Ihnen noch mal schreiben.

Sicherlich haben Sie einen Grund, warum Sie weder zahlen noch unsere Mahnung beantworten. Sollten wir nicht offen darüber sprechen?

Ein eventueller Ratenzahlungsvorschlag von Ihnen könnte z. B. meine Zustimmung finden, wenn er mit einer sofortigen, angemessenen Anzahlung verbunden ist.

Bitte setzen Sie sich diesbezüglich umgehend mit mir in Verbindung.

Mit freundlichen Grüßen

(Unterschrift)

Mahnstrategie

Zur Reaktion animieren, aus dem Schneckenhaus locken

Einsetzbarkeit

■ nur bei wichtigen Kunden

Stil bzw. Tonart

■ verbindlich, etwas lockerer, aber auch konkreter formuliert

Praxis-Tipp:

Alternativ-Formulierung: Mit einer Begleichung der Schuld in angemessenen Monatsraten wäre ich ggf. einverstanden.

Muster 28

Name   Ort, Datum
Straße
Ort

Unsere Rechnung vom ... über EUR ...

Sehr geehrte Damen und Herren,

leider haben wir auch auf unsere Mahnung vom ... weder die Zahlung noch eine Nachricht von Ihnen erhalten.

Vielleicht kann die beiliegende Briefmarke Sie dazu veranlassen, uns wenigstens den Grund für die Zahlungsverzögerung schriftlich mitzuteilen.

An Entgegenkommen würden wir es erforderlichenfalls bestimmt nicht fehlen lassen.

Mit freundlichen Grüßen

(Unterschrift)

Anlage: Briefmarke

Mahnstrategie

- Die Briefmarke erzeugt einen gewissen psychologischen Druck.

Einsetzbarkeit

- bei guten Kunden

Stil bzw. Tonart

- pfiffig

Muster 29

Name   Ort, Datum
Straße
Ort

Unsere Rechnung vom ... über EUR ...
Unsere Mahnung vom ...

Sehr geehrte Damen und Herren,

anbei die Postgebühren für die Übersendung Ihres
Verrechnungsschecks in Form einer Briefmarke.
Wir sind überzeugt, dass Sie jetzt unserer Bitte entsprechen
werden, und erwarten Ihren Scheck in den nächsten Tagen.

Mit freundlichen Grüßen

(Unterschrift)

Anlage: Briefmarke

Mahnstrategie

■ Die Briefmarke erzeugt einen gewissen psychologischen Druck (bringt in Zugzwang).

Einsetzbarkeit

■ Zumindest bei Geschäftskunden immer einsetzbar

Stil bzw. Tonart

■ pfiffig

Muster 30

Name   Ort, Datum
Straße
Ort

Unsere Rechnung vom ...
Unsere Mahnung vom ...

Sehr geehrter Kunde,

SOS!

Haben Sie uns vergessen?

Haben wir irgendetwas falsch gemacht?

Gibt es irgendein Problem?

Bitte zahlen Sie bis zum ... bzw. schreiben Sie uns wenigstens ein paar Zeilen, warum Sie bis heute nicht bezahlt haben.

Mit freundlichen Grüßen

(Unterschrift)

Mahnstrategie

■ Fragen lösen Denkprozesse aus bzw. beeinflussen (wer fragt, führt).

Einsetzbarkeit

■ nicht bei biederen, konservativen Schuldnern

Stil bzw. Tonart

■ flott, salopp

Muster 31

Name   Ort, Datum
Straße
Ort

Unsere Rechnung vom ... über EUR ...
Unsere Mahnung vom ...

Sehr geehrte Frau ...,

auch wir kennen den Spruch: „Vom ersten Streiche fällt noch keine Eiche."
Wir hoffen jedoch, dass wenigstens unsere zweite Mahnung den gewünschten Erfolg nach sich zieht.
Bitte überweisen Sie bis spätestens ...

Mit freundlichem Gruß

(Unterschrift)

Mahnstrategie

- Poesie schafft Sympathie.
- In der Kürze liegt die Würze.

Einsetzbarkeit

- fast immer einsetzbar

Stil bzw. Tonart

- locker, salopp

3. Mahnstufe

Muster 32

Name   Ort, Datum
Straße
Ort

Unsere Rechnung vom ... über EUR ...

Sehr geehrte Damen und Herren,

auf unsere beiden Mahnschreiben vom ... und
vom ... haben Sie leider nicht reagiert. Sie handeln offenbar
nach dem Motto: „Reden ist Silber, Schweigen ist Gold."
Es dürfte aber doch wohl auf der Hand liegen, dass ein Vorgehen
nach dieser Devise im Geschäftsverkehr völlig fehl am Platz ist.
Wenn Sie auch auf dieses 3. Mahnschreiben wiederum nicht
reagieren, sind wir leider gezwungen juristische Schritte gegen
Sie einzuleiten.

Mit freundlichen Grüßen

(Unterschrift)

Mahnstrategie

- Appell an kaufmännische Ehre

Einsetzbarkeit

- einsetzbar bei untätigen, nicht unbedingt ganz wichtigen Geschäftskunden

Stil bzw. Tonart

- locker, salopp, aber doch energisch

Muster 33

Name   Ort, Datum
Straße
Ort

Unsere Rechnung vom ...
Unsere Mahnungen vom ... und vom ...

Sehr geehrte Damen und Herren,

wir geben hiermit unserer Hoffnung Ausdruck, dass wir auch
bezüglich dieser leidigen Angelegenheit letztendlich doch noch
feststellen werden: „Was lange währt, wird endlich gut."
Bitte enttäuschen Sie uns nicht und zahlen Sie den offenen
Betrag in Höhe von EUR ... bis spätestens ...

Mit freundlichen Grüßen

(Unterschrift)

Mahnstrategie

■ Kunden auf keinen Fall verärgern (kein Vorwurf, kein Angriff)

Einsetzbarkeit

■ bei sehr wichtigen Kunden

Stil bzw. Tonart

■ für 3. Mahnung sehr moderat und locker formuliert

Originelle Mahnungen

1. Mahnstufe

Muster 34

Name   Ort, Datum
Straße
Ort

Unsere Rechnung vom ...

Hallo, Frau ...,

wenn ich heute in Ihr Büro käme und fragen würde: „Wie steht es denn mit meiner längst fälligen Forderung über EUR ...?"

Dann würden Sie bestimmt sofort Ihr Scheckbuch zücken und einen Scheck über den offenen Betrag ausstellen.

Können Sie ihn nicht gleich mit der Post schicken? Das ist viel einfacher und würde uns beiden viel Zeit ersparen.

Mit freundlichen Grüßen

(Unterschrift)

Mahnstrategie

- Ein vergnügt schmunzelnder Schuldner greift meist eher zum Überweisungsformular als ein durch einen verdrießlichen Mahnbrief verärgerter Kunde.

Einsetzbarkeit

- bei eher lockeren Chefs von Einzelfirmen

Stil bzw. Tonart

- locker bzw. sogar originell

Praxis-Tipp:

- Nicht als verzugsbegründende Mahnung verwenden.

- Alternativ-Formulierung für Schlusssatz: Nachdem ich es Ihnen leider nicht so bequem machen kann, ...

Muster 35

Name   Ort, Datum
Straße
Ort

Unsere Rechnung vom ...

Guten Tag!

Ich bin der Computer der Firma ... Leider konnte ich in o. g. Angelegenheit bislang noch keinen Zahlungseingang verzeichnen.

Nachdem aber auch wir Computer nur Menschen sind, möchte ich mich erst noch einmal vergewissern, ob der Fehler nicht vielleicht doch bei mir liegt.

Bitte überprüfen Sie die Angelegenheit und faxen Sie mir den nachfolgenden Antwortcoupon umgehend zurück.

Es grüßt Sie Ihr Computer der Firma ...

Antwortcoupon:

☐ Lieber Herr Computer, da liegen Sie aber völlig daneben! Ich habe die Rechnung nämlich bereits am ... per Überweisung bezahlt. Den Beleg faxe ich Ihnen nachfolgend zu.

☐ Sorry! Ihre Rechnung ist offenbar übersehen worden. Die Zahlung erfolgt bis spätestens ...

☐ Es tut mir leid, ich wollte wirklich überweisen, hatte aber Ihre Bankdaten gerade nicht bei der Hand.

☐ Mir liegt Ihre Rechnung nicht vor. Bitte übermitteln Sie mir eine Kopie.

☐ Ich übersende Ihnen in der Anlage einen Verrechnungsscheck über EUR ... als ... Teilzahlung. Die Restzahlung stelle ich mir wie folgt vor: ....
....

☐ Ich habe Ihre Rechnung noch nicht bezahlt, weil ....
....

☐ Sonstiges: ....

Mahnstrategie

- baut Brücke, animiert zur Reaktion

- Geschickte Taktik: Alternativen anbieten, um Auswahl zu ermöglichen!

- Ein vergnügt schmunzelnder Schuldner greift meist eher zum Überweisungsformular als ein durch einen verdrießlichen Mahnbrief verärgerter Kunde.

Einsetzbarkeit

- eher bei bekanntermaßen lockeren, nicht unbedingt bei konservativen Schuldnern

Stil bzw. Tonart

- originell

Praxis-Tipp:
Nicht als verzugsbegründende Mahnung verwenden!

Muster 36

Name   Ort, Datum
Straße
Ort

Unsere Rechnung vom ...

Sehr geehrter Herr ...

„Das Mahnen, Herr, ist eine schwere Kunst!
Sie werden's oft am eigenen Leib verspüren.
Man will das Geld, doch will man auch die Gunst
des werten Kunden nicht verlieren.

Allein der Stand der Kasse zwingt uns doch,
ein kurz' Gesuch bei Ihnen einzureichen:
Sie möchten uns, wenn möglich heute noch,
die unten aufgeführte Schuld begleichen."

Mit freundlichen Grüßen

(Unterschrift)

Mahnstrategie

■ Poesie schafft Sympathie.

■ Ein vergnügt schmunzelnder Schuldner greift meist eher zum Überweisungsformular als ein durch einen verdrießlichen Mahnbrief verärgerter Kunde.

Einsetzbarkeit

■ Einzelfallentscheidung! Nur bei ausgewählten Kunden verwenden.

■ nicht unbedingt bei bekanntermaßen humorlosen, spießigen, konservativen Schuldnern

Stil bzw. Tonart

■ sehr originell

Praxis-Tipp:

Nicht unbedingt als verzugsbegründende Mahnung verwenden.

Muster 37

Name   Ort, Datum
Straße
Ort

Unsere Rechnung vom ...

Sehr geehrte Damen und Herren,

die Bitte um ein Autogramm ist immer ein Kompliment.
Dürfen wir deshalb um Ihr Autogramm unter einen Verrechnungsscheck über den noch offenen Betrag in Höhe von EUR ... bitten?

Mit freundlichen Grüßen

(Unterschrift)

Mahnstrategie

- In der Kürze liegt die Würze.

Einsetzbarkeit

- fast immer einsetzbar

Stil bzw. Tonart

- pfiffig, salopp

Muster 38

Name   Ort, Datum
Straße
Ort

Unsere Rechnung vom ..

Sehr geehrte Damen und Herren,

wir wären Ihnen auf ewig zu allergrößtem Dank verpflichtet,
wenn Sie die Liebenswürdigkeit besäßen, unsere Rechnung –
selbstverständlich nur wenn es Ihnen keine allzu großen
Umstände bereitet – bei Gelegenheit vielleicht doch noch zu
begleichen.
Zahlen Sie jetzt bitte bis spätestens ..

Mit freundlichem Gruß

(Unterschrift)

Mahnstrategie:

- Ein vergnügt schmunzelnder Schuldner greift meist eher zum Überweisungsformular als ein durch einen verdrießlichen Mahnbrief verärgerter Kunde.

Für welche Fälle geeignet?

- Nur in ausgewählten Fällen, bestimmt nicht jedermanns Sache

Stil bzw. Tonart:

- Ironisch, originell

Muster 39

Name   Ort, Datum
Straße
Ort

Unsere Rechnung vom ...

Sehr geehrter Herr ...,

mit Erstaunen ist zu sehen,
dass noch Posten offenstehen.
Bestellung wurde aufgenommen,
die Ware ist auch angekommen,
die Rechnung richtig ausgestellt,
es fehlt uns jetzt nur noch Ihr Geld.
Was wir nun tun, Sie werden's ahnen,
zur Zahlung müssen wir Sie mahnen.

Mit freundlichen Grüßen

(Unterschrift)

Mahnstrategie

- Poesie schaftt Sympathie

Einsetzbarkeit

- nicht unbedingt bei eher humorlosen, konservativen Schuldnern

Stil bzw. Tonart

- flott, originell

2. Mahnstufe

> **Muster 40**
>
> Name   Ort, Datum
> Straße
> Ort
>
>
> **Unsere Forderung über EUR ... gemäß Rechnung vom ...**
>
> Sehr geehrte Frau ...!
>
> Jeder kann in der geschäftlichen
> Hektik einmal etwas übersehen,
> dies ist wohl auch mit unserer
> ersten Mahnung geschehen.
>
> Nachdem jedoch auch wir
> nur „mit Wasser kochen",
> müssen wir jetzt doch auf
> umgehende Zahlung pochen.
>
> Schaffen Sie bitte die Sache
> doch noch gütlich aus der Welt,
> indem Sie uns noch heute
> überweisen das Geld.
>
>
> Mit freundlichen Grüßen
>
>
> (Unterschrift)

Mahnstrategie

- Poesie schafft Sympathie.

- Ein vergnügt schmunzelnder Schuldner greift meist eher zum Überweisungsformular als ein durch einen verdrießlichen Mahnbrief verärgerter Kunde.

Einsetzbarkeit

- bei guten, nicht ganz humorlosen Geschäftskunden

Stil bzw. Tonart

- originell

Muster 41

Name   Ort, Datum
Straße
Ort

Unsere Rechnung vom ...
Unsere Mahnung vom ...

Sehr geehrter Herr Kunde!

Vorsicht, sonst macht es die Runde,
dass Sie sind ein nicht solventer Mann,
der seine Rechnungen nicht bezahlen kann.

Um diese Gefahr aus der Welt zu schaffen,
greifen Sie bitte zu den richtigen Waffen
und begleichen Sie Ihre Schuld,
bevor wir verlieren die Geduld.

Ansonsten erhalten Sie
das nächste Mal nicht mehr ein Gedicht,
sondern einen Schrieb vom Mahngericht.

Mit freundlichen Grüßen

(Unterschrift)

Mahnstrategie

- Mit Poesie beeindrucken (provozieren).

Einsetzbarkeit

- nur in ausgewählten Fällen

- Bestimmt nicht jedermanns Sache! Auf keinen Fall bei wichtigen Kunden verwenden!

Stil bzw. Tonart

- originell, frech, dreist (wohl aggressivste 2. Mahnung)

Praxis-Tipp:

Eignet sich auch für die 3. Mahnstufe.

Muster 42

Name   Ort, Datum
Straße
Ort

Unsere Rechnung vom ...
Unsere Mahnung vom ...

Sehr geehrte Damen und Herren,

in der Anlage übersenden wir Ihnen eine Büroklammer. Es handelt sich dabei um eine Klammer mit magischer Wirkung. Sie wird nämlich Ihnen und uns einen Haufen Unannehmlichkeiten ersparen.

Es ist die Büroklammer, die Sie benötigen, um Ihren Scheck an die beiliegende Rechnungskopie zu heften.

Bitte beeilen Sie sich! Wir brauchen diese Klammer auch noch für andere Kunden.

Mit freundlichen Grüßen

(Unterschrift)

Anlage:
Rechnungskopie Büroklammer

Mahnstrategie

- Ein vergnügt schmunzelnder Schuldner greift meist eher zum Überweisungsformular als ein durch einen verdrießlichen Mahnbrief verärgerter Kunde.

Einsetzbarkeit

- nicht bei absolut humorlosen, konservativen Schuldnern einsetzbar

Stil bzw. Tonart

- sehr originell

Praxis-Tipp:

Eventuell nach Unterschrift:

PS: Das Lächeln, das Ihnen dieser Mahnbrief möglicherweise entlockt, wird im Übrigen nicht besonders verrechnet.

Muster 43

Name   Ort, Datum
Straße
Ort

Unsere Rechnung vom ...

Unsere Mahnung vom ...

Sehr geehrter Herr ..., heute schon gelacht?

Richter: Beklagter, was verstehen Sie eigentlich unter Ratenzahlung?

Beklagter: Ganz einfach, Herr Richter, wenn die Gläubiger raten
müssen, wann ich zahlen werde.

Wir jedoch wollen nicht raten!

Wir bitten nunmehr um Zahlung des kompletten Forderungs-
betrags in Höhe von EUR ... bis spätestens ...

Mit freundlichen Grüßen

(Unterschrift)

Mahnstrategie

- Ein vergnügt schmunzelnder Schuldner greift meist eher zum Überweisungsformular als ein durch einen verdrießlichen Mahnbrief verärgerter Kunde.

Einsetzbarkeit

- bei nicht ganz humorlosen Geschäftskunden

Stil bzw. Tonart

- sehr originell

Praxis-Tipp:
Eignet sich auch für die 3. Mahnstufe.

Muster 44

Name   Ort, Datum
Straße
Ort

Unsere Forderung in Höhe von EUR ...

Sehr geehrter Herr ..., heute schon gelacht?

„Papa, was ist ein Gläubiger?"
„Das ist einer, der glaubt, dass er sein Geld doch noch bekommt."
Das gilt auch für uns. Bitte enttäuschen Sie uns nicht und überweisen Sie umgehend.

Mit freundlichen Grüßen

(Unterschrift)

Mahnstrategie

■ Ein vergnügt schmunzelnder Schuldner greift meist eher zum Überweisungsformular als ein durch einen verdrießlichen Mahn- brief verärgerter Kunde.

Einsetzbarkeit

■ wohl in den meisten Fällen einsetzbar

Stil bzw. Tonart

■ sehr originell

Praxis-Tipp:

Eignet sich auch für die 3. Mahnstufe.

Muster 45

Name   Ort, Datum
Straße
Ort

Unsere Mahnung vom ...

Sehr geehrte Damen und Herren,

haben Sie uns vollkommen vergessen?
Hat die erste Mahnung nicht richtig gesessen?
Hätten Sie gern noch mehr Schriftverkehr?
Hier die nächste Mahnung, bitte sehr.

Bitte überweisen Sie jetzt bis spätestens...

Mit freundlichen Grüßen

(Unterschrift)

Mahnstrategie

- Poesie schafft Sympathie.
- In der Kürze liegt die Würze.

Einsetzbarkeit

- Einzelfallentscheidung, nicht bei humorlosen Kunden

Stil bzw. Tonart

- pfiffig, originell

3. Mahnstufe

Muster 46

Name   Ort, Datum
Straße
Ort

Unsere Rechnung vom ...
Unsere Mahnungen vom ... und vom ...

Sehr geehrter Herr ...,

gehören Sie vielleicht auch zu den Schuldnern, die die 1. und
die 2. Mahnung grundsätzlich in den Papierkorb werfen, in der
Hoffnung, dass schon noch eine 3. Mahnung kommen wird und
nicht gleich ein Mahnbescheid vom Gericht?
Da können Sie aber gelegentlich auch Pech haben!
Wir wollen jedoch keine Spielverderber sein: Hier ist sie, Ihre
Mahnung!
Allerletzte Zahlungsfrist: ...

Mit freundlichen Grüßen

(Unterschrift)

Mahnstrategie

- Ein vergnügt schmunzelnder Schuldner greift meist eher zum Überweisungsformular als ein durch einen verdrießlichen Mahnbrief verärgerter Kunde.

Einsetzbarkeit

- insbesondere bei wichtigen Kunden

Stil bzw. Tonart

- sehr originell

Muster 47

Name   Ort, Datum
Straße
Ort

Unsere Rechnung vom ...
Unsere Mahnungen vom ... und vom ...

Sehr geehrte Frau ...,

„Aller guten Dinge sind drei!" Eine 4. Mahnung wird es deshalb sicher nicht geben!
Entweder Sie zahlen jetzt bis spätestens ... oder ...

Mit freundlichen Grüßen

(Unterschrift)

Mahnstrategie

- Schuldner beeindrucken
- In der Kürze liegt die Würze.

Einsetzbarkeit

- wohl in den meisten Fällen einsetzbar
- insbesondere bei Privatschuldnern

Stil bzw. Tonart

- originell, aber doch auch warnend, Konsequenzen androhend

Praxis-Tipp:

Eine Durchnummerierung der Mahnungen ist grundsätzlich nicht empfehlenswert, da sonst mancher Schuldner davon ausgehen könnte, dass auf eine dritte Mahnung auch noch eine vierte folgt.

Muster 48

Name   Ort, Datum
Straße
Ort

Unsere Forderung in Höhe von EUR ...

Sehr geehrter Herr ...,

kürzlich schrieb uns ein Geschäftspartner:

„Ihre beiden Mahnbriefe waren so gut, dass ich mich mit der Zahlung noch zurückgehalten habe, um die komplette Mahnserie zu erhalten."

Offen gestanden: Eine derartige Wirkung hatten wir nicht beabsichtigt. Sollten Sie vielleicht aus dem gleichen Grund immer noch nicht gezahlt haben? In diesem Fall möchten wir Ihnen folgenden Vorschlag unterbreiten:

Überweisen Sie uns den offenen Betrag in Höhe von EUR ... bis spätestens ...

Wir lassen Ihnen dann unverzüglich eine größere Anzahl origineller bzw. ungewöhnlicher Mahntexte zukommen. Damit wäre dann beiden Seiten geholfen. Einverstanden?

Mit freundlichen Grüßen

(Unterschrift)

Mahnstrategie

- Kunden doch noch aus seinem Schneckenhaus locken, ohne ihn zu verärgern!

- Ein vergnügt schmunzelnder Schuldner greift meist eher zum Überweisungsformular als ein durch einen verdrießlichen Mahnbrief verärgerter Kunde.

Einsetzbarkeit

- bei wichtigen Kunden

Stil bzw. Tonart

- sehr originell

Praxis-Tipp:

Alternativ-Formulierung: Ihre beiden Mahnbriefe waren so originell, ...

Muster 49

Name   Ort, Datum
Straße
Ort

Unsere Rechnung vom …

Sehr geehrte Damen und Herren,

selbst wenn Sie Ihren Scheck einer Schildkröte auf den Panzer
geschnallt hätten, wäre er jetzt schon hier.
Nachdem wir es vorziehen, Schecks per Post zu erhalten, bitten
wir um Übersendung bis spätestens …

Mit freundlichen Grüßen

(Unterschrift)

Mahnstrategie

- In der Kürze liegt die Würze.

- Ein vergnügt schmunzelnder Schuldner greift meist eher zum Überweisungsformular als ein durch einen verdrießlichen Mahnbrief verärgerter Kunde.

Einsetzbarkeit

- Einzelfallentscheidung, nur bei ausgewählten Schuldnern

Stil bzw. Tonart

- frech, sehr originell

Muster 50

Name   Ort, Datum
Straße
Ort

Unsere Rechnung vom ...

Sehr g e e h r t e r Herr!

Wir haben erhebliche Zweifel ob ein Geschäftsmann der auf
zwei Mahnschreiben in keiner Weise reagiert diese Anrede
überhaupt noch erwarten darf. Bitte räumen Sie unsere
Bedenken aus indem Sie unsere Forderung doch noch bis
spätestens ... begleichen.

Mit freundlichen Grüßen

(Unterschrift)

Mahnstrategie:

- Schuldner bei seiner kaufmännischen Ehre packen

Für welche Fälle geeignet?

- Nur in wenigen ausgewählten Fällen einsetzbar
- Auf keinen Fall bei wichtigen Kunden
-

Stil bzw. Tonart:

- Sehr hart formuliert, fast schon zu agressiv

Gesetzliche Grundlagen
Bürgerliches Gesetzbuch (BGB)

in der Fassung der Bekanntmachung vom 2. Januar 2002
(BGBl. I S. 42, 2909; 2003 BGBl. I S. 738)[1]

– Auszug –

§ 194 Gegenstand der Verjährung

(1) Das Recht, von einem anderen ein Tun oder Unterlassen zu verlangen (Anspruch), unterliegt der Verjährung.

(2) Ansprüche aus einem familienrechtlichen Verhältnis unterliegen der Verjährung nicht, soweit sie auf die Herstellung des dem Verhältnis entsprechenden Zustands für die Zukunft oder auf die Einwilligung in eine genetische Untersuchung zur Klärung der leiblichen Abstammung gerichtet sind.

§ 195 Regelmäßige Verjährungsfrist

Die regelmäßige Verjährungsfrist beträgt drei Jahre.

§ 196 Verjährungsfrist bei Rechten an einem Grundstück

Ansprüche auf Übertragung des Eigentums an einem Grundstück sowie auf Begründung, Übertragung oder Aufhebung eines Rechts an einem Grundstück oder auf Änderung des Inhalts eines solchen Rechts sowie die Ansprüche auf die Gegenleistung verjähren in zehn Jahren.

§ 197 Dreißigjährige Verjährungsfrist

(1) In 30 Jahren verjähren, soweit nicht ein anderes bestimmt ist,

1. Schadensersatzansprüche, die auf der vorsätzlichen Verletzung des Lebens, des Körpers, der Gesundheit, der Freiheit oder der sexuellen Selbstbestimmung beruhen,

2. Herausgabeansprüche aus Eigentum, anderen dinglichen Rechten, den §§ 2018, 2130 und 2362 sowie die Ansprüche, die der Geltendmachung der Herausgabeansprüche dienen,

3. rechtskräftig festgestellte Ansprüche,

4. Ansprüche aus vollstreckbaren Vergleichen oder vollstreckbaren Urkunden,

---

[1] Zuletzt geändert durch das Gesetz zur Bekämpfung von Zahlungsverzug im Geschäftsverkehr und zur Änderung des Erneuerbare-Energien-Gesetzes vom 22. Juli 2014).

5. Ansprüche, die durch die im Insolvenzverfahren erfolgte Feststellung vollstreckbar geworden sind, und

6. Ansprüche auf Erstattung der Kosten der Zwangsvollstreckung.

(2) Soweit Ansprüche nach Absatz 1 Nr. 3 bis 5 künftig fällig werdende regelmäßig wiederkehrende Leistungen zum Inhalt haben, tritt an die Stelle der Verjährungsfrist von 30 Jahren die regelmäßige Verjährungsfrist.

§ 198 Verjährung bei Rechtsnachfolge

Gelangt eine Sache, hinsichtlich derer ein dinglicher Anspruch besteht, durch Rechtsnachfolge in den Besitz eines Dritten, so kommt die während des Besitzes des Rechtsvorgängers verstrichene Verjährungszeit dem Rechtsnachfolger zugute.

§ 199 Beginn der regelmäßigen Verjährungsfrist und Verjährungshöchstfristen

(1) Die regelmäßige Verjährungsfrist beginnt, soweit nicht ein anderer Verjährungsbeginn bestimmt ist, mit dem Schluss des Jahres, in dem

1. der Anspruch entstanden ist und

2. der Gläubiger von den den Anspruch begründenden Umständen und der Person des Schuldners Kenntnis erlangt oder ohne grobe Fahrlässigkeit erlangen müsste.

(2) Schadensersatzansprüche, die auf der Verletzung des Lebens, des Körpers, der Gesundheit oder der Freiheit beruhen, verjähren ohne Rücksicht auf ihre Entstehung und die Kenntnis oder grob fahrlässige Unkenntnis in 30 Jahren von der Begehung der Handlung, der Pflichtverletzung oder dem sonstigen, den Schaden auslösenden Ereignis an.

(3) Sonstige Schadensersatzansprüche verjähren

1. ohne Rücksicht auf die Kenntnis oder grob fahrlässige Unkenntnis in zehn Jahren von ihrer Entstehung an und

2. ohne Rücksicht auf ihre Entstehung und die Kenntnis oder grob fahrlässige Unkenntnis in 30 Jahren von der Begehung der Handlung, der Pflichtverletzung oder dem sonstigen, den Schaden auslösenden Ereignis an.

Maßgeblich ist die früher endende Frist.

(3a) Ansprüche, die auf einem Erbfall beruhen oder deren Geltendmachung die Kenntnis einer Verfügung von Todes wegen voraussetzt, verjähren ohne Rücksicht auf die Kenntnis oder grob fahrlässige Unkenntnis in 30 Jahren von der Entstehung des Anspruchs an.

(4) Andere Ansprüche als die nach den Absätzen 2 bis 3a verjähren ohne Rücksicht auf die Kenntnis oder grob fahrlässige Unkenntnis in zehn Jahren von ihrer Entstehung an.

(5) Geht der Anspruch auf ein Unterlassen, so tritt an die Stelle der Entstehung die Zuwiderhandlung.

§ 200 Beginn anderer Verjährungsfristen

Die Verjährungsfrist von Ansprüchen, die nicht der regelmäßigen Verjährungsfrist unterliegen, beginnt mit der Entstehung des Anspruchs, soweit nicht ein anderer Verjährungsbeginn bestimmt ist. § 199 Abs. 5 findet entsprechende Anwendung.

§ 201 Beginn der Verjährungsfrist von festgestellten Ansprüchen

Die Verjährung von Ansprüchen der in § 197 Abs. 1 Nr. 3 bis 6 bezeichneten Art beginnt mit der Rechtskraft der Entscheidung, der Errichtung des vollstreckbaren Titels oder der Feststellung im Insolvenzverfahren, nicht jedoch vor der Entstehung des Anspruchs. § 199 Abs. 5 findet entsprechende Anwendung.

§ 202 Unzulässigkeit von Vereinbarungen über die Verjährung

(1) Die Verjährung kann bei Haftung wegen Vorsatzes nicht im Voraus durch Rechtsgeschäft erleichtert werden.

(2) Die Verjährung kann durch Rechtsgeschäft nicht über eine Verjährungsfrist von 30 Jahren ab dem gesetzlichen Verjährungsbeginn hinaus erschwert werden.

§ 203 Hemmung der Verjährung bei Verhandlungen

Schweben zwischen dem Schuldner und dem Gläubiger Verhandlungen über den Anspruch oder die den Anspruch begründenden Umstände, so ist die Verjährung gehemmt, bis der eine oder der andere Teil die Fortsetzung der Verhandlungen verweigert. Die Verjährung tritt frühestens drei Monate nach dem Ende der Hemmung ein.

§ 204 Hemmung der Verjährung durch Rechtsverfolgung

(1) Die Verjährung wird gehemmt durch

1. die Erhebung der Klage auf Leistung oder auf Feststellung des Anspruchs, auf Erteilung der Vollstreckungsklausel oder auf Erlass des Vollstreckungsurteils,

2. die Zustellung des Antrags im vereinfachten Verfahren über den Unterhalt Minderjähriger,

3. die Zustellung des Mahnbescheids im Mahnverfahren oder des Europäischen Zahlungsbefehls im Europäischen Mahnverfahren nach der Verordnung (EG) Nr. 1896/2006 des Europäischen Parlaments und des Rates vom 12. Dezember 2006 zur Einführung eines Europäischen Mahnverfahrens (ABl. EU Nr. L 399 S. 1),

4. die Veranlassung der Bekanntgabe des Güteantrags, der bei einer durch die Landesjustizverwaltung eingerichteten oder anerkannten Gütestelle oder, wenn die Parteien den Einigungsversuch einvernehmlich unternehmen, bei einer sonstigen Gütestelle, die Streitbeilegungen betreibt, eingereicht ist; wird die Bekanntgabe demnächst nach der Einreichung des Antrags veranlasst, so tritt die Hemmung der Verjährung bereits mit der Einreichung ein,

5. die Geltendmachung der Aufrechnung des Anspruchs im Prozess,

6. die Zustellung der Streitverkündung,

6a. die Zustellung der Anmeldung zu einem Musterverfahren für darin bezeichnete Ansprüche, soweit diesen der gleiche Lebenssachverhalt zugrunde liegt wie den Feststellungszielen des Musterverfahrens und wenn innerhalb von drei Monaten nach dem rechtskräftigen Ende des Musterverfahrens die Klage auf Leistungen oder Feststellung der in der Anmeldung bezeichneten Ansprüche erhoben wird,

7. die Zustellung des Antrags auf Durchführung eines selbständigen Beweisverfahrens,

8. den Beginn eines vereinbarten Begutachtungsverfahrens,

9. die Zustellung des Antrags auf Erlass eines Arrests, einer einstweiligen Verfügung oder einer einstweiligen Anordnung, oder, wenn der Antrag nicht zugestellt wird, dessen Einreichung, wenn der Arrestbefehl, die einstweilige Verfügung oder die einstweilige Anordnung innerhalb eines Monats seit Verkündung oder Zustellung an den Gläubiger dem Schuldner zugestellt wird,

10. die Anmeldung des Anspruchs im Insolvenzverfahren oder im Schifffahrtsrechtlichen Verteilungsverfahren,

11. den Beginn des schiedsrichterlichen Verfahrens,

12. die Einreichung des Antrags bei einer Behörde, wenn die Zulässigkeit der Klage von der Vorentscheidung dieser Behörde abhängt und innerhalb von drei Monaten nach Erledigung des Gesuchs die Klage erhoben wird; dies gilt entsprechend für bei einem Gericht oder bei einer in Nummer 4 bezeichneten Gütestelle zu stellende Anträge, deren Zulässigkeit von der Vorentscheidung einer Behörde abhängt,

13. die Einreichung des Antrags bei dem höheren Gericht, wenn dieses das zuständige Gericht zu bestimmen hat und innerhalb von drei Monaten nach Erledigung des Gesuchs die Klage erhoben oder der Antrag, für den die Gerichtsstandsbestimmung zu erfolgen hat, gestellt wird, und

14. die Veranlassung der Bekanntgabe des erstmaligen Antrags auf Gewährung von Prozesskostenhilfe oder Verfahrenskostenhilfe; wird die Bekanntgabe demnächst nach der Einreichung des Antrags veranlasst, so tritt die Hemmung der Verjährung bereits mit der Einreichung ein.

(2) Die Hemmung nach Absatz 1 endet sechs Monate nach der rechtskräftigen Entscheidung oder anderweitigen Beendigung des eingeleiteten Verfahrens. Gerät das Verfahren dadurch in Stillstand, dass die Parteien es nicht betreiben, so tritt an die Stelle der Beendigung des Verfahrens die letzte Verfahrenshandlung der Parteien, des Gerichts oder der sonst mit dem Verfahren befassten Stelle. Die Hemmung beginnt erneut, wenn eine der Parteien das Verfahren weiter betreibt.

(3) Auf die Frist nach Absatz 1 Nr. 6a, 9, 12 und 13 finden die §§ 206, 210 und 211 entsprechende Anwendung.

§ 205 Hemmung der Verjährung bei Leistungsverweigerungsrecht

Die Verjährung ist gehemmt, solange der Schuldner auf Grund einer Vereinbarung mit dem Gläubiger vorübergehend zur Verweigerung der Leistung berechtigt ist.

§ 206 Hemmung der Verjährung bei höherer Gewalt

Die Verjährung ist gehemmt, solange der Gläubiger innerhalb der letzten sechs Monate der Verjährungsfrist durch höhere Gewalt an der Rechtsverfolgung gehindert ist.

§ 207 Hemmung der Verjährung aus familiären und ähnlichen Gründen

(1) Die Verjährung von Ansprüchen zwischen Ehegatten ist gehemmt, solange die Ehe besteht. Das Gleiche gilt für Ansprüche zwischen

1. Lebenspartnern, solange die Lebenspartnerschaft besteht,

2. dem Kind und

    a) seinen Eltern oder

    b) dem Ehegatten oder Lebenspartner eines Elternteils bis zur Vollendung des 21. Lebensjahres des Kindes,

3. dem Vormund und dem Mündel während der Dauer des Vormund-schaftsverhältnisses,

4. dem Betreuten und dem Betreuer während der Dauer des Betreuungs-verhältnisses und

5. dem Pflegling und dem Pfleger während der Dauer der Pflegschaft.

Die Verjährung von Ansprüchen des Kindes gegen den Beistand ist während der Dauer der Beistandschaft gehemmt.

(2) § 208 bleibt unberührt.

§ 208 Hemmung der Verjährung bei Ansprüchen wegen Verletzung der sexuellen Selbstbestimmung

Die Verjährung von Ansprüchen wegen Verletzung der sexuellen Selbst-bestimmung ist bis zur Vollendung des 21. Lebensjahrs des Gläubigers gehemmt. Lebt der Gläubiger von Ansprüchen wegen Verletzung der sexuellen Selbstbestimmung bei Beginn der Verjährung mit dem Schuld-ner in häuslicher Gemeinschaft, so ist die Verjährung auch bis zur Been-digung der häuslichen Gemeinschaft gehemmt.

§ 209 Wirkung der Hemmung

Der Zeitraum, während dessen die Verjährung gehemmt ist, wird in die Verjährungsfrist nicht eingerechnet.

§ 210 Ablaufhemmung bei nicht voll Geschäftsfähigen

(1) Ist eine geschäftsunfähige oder in der Geschäftsfähigkeit beschränkte Person ohne gesetzlichen Vertreter, so tritt eine für oder gegen sie lau-fende Verjährung nicht vor dem Ablauf von sechs Monaten nach dem Zeitpunkt ein, in dem die Person unbeschränkt geschäftsfähig oder der Mangel der Vertretung behoben wird. Ist die Verjährungsfrist kürzer als sechs Monate, so tritt der für die Verjährung bestimmte Zeitraum an die Stelle der sechs Monate.

(2) Absatz 1 findet keine Anwendung, soweit eine in der Geschäftsfähig-keit beschränkte Person prozessfähig ist.

§ 211 Ablaufhemmung in Nachlassfällen

Die Verjährung eines Anspruchs, der zu einem Nachlass gehört oder sich gegen einen Nachlass richtet, tritt nicht vor dem Ablauf von sechs Mona-ten nach dem Zeitpunkt ein, in dem die Erbschaft von dem Erben ange-nommen oder das Insolvenzverfahren über den Nachlass eröffnet wird oder von dem an der Anspruch von einem oder gegen einen Vertreter geltend gemacht werden kann. Ist die Verjährungsfrist kürzer als sechs Monate, so tritt der für die Verjährung bestimmte Zeitraum an die Stelle der sechs Monate.

§ 212 Neubeginn der Verjährung

(1) Die Verjährung beginnt erneut, wenn

1. der Schuldner dem Gläubiger gegenüber den Anspruch durch Abschlagszahlung, Zinszahlung, Sicherheitsleistung oder in anderer Weise anerkennt oder

2. eine gerichtliche oder behördliche Vollstreckungshandlung vorgenommen oder beantragt wird.

(2) Der erneute Beginn der Verjährung infolge einer Vollstreckungshandlung gilt als nicht eingetreten, wenn die Vollstreckungshandlung auf Antrag des Gläubigers oder wegen Mangels der gesetzlichen Voraussetzungen aufgehoben wird.

(3) Der erneute Beginn der Verjährung durch den Antrag auf Vornahme einer Vollstreckungshandlung gilt als nicht eingetreten, wenn dem Antrag nicht stattgegeben oder der Antrag vor der Vollstreckungshandlung zurückgenommen oder die erwirkte Vollstreckungshandlung nach Absatz 2 aufgehoben wird.

§ 213 Hemmung, Ablaufhemmung und erneuter Beginn der Verjährung bei anderen Ansprüchen

Die Hemmung, die Ablaufhemmung und der erneute Beginn der Verjährung gelten auch für Ansprüche, die aus demselben Grunde wahlweise neben dem Anspruch oder an seiner Stelle gegeben sind.

§ 214 Wirkung der Verjährung

(1) Nach Eintritt der Verjährung ist der Schuldner berechtigt, die Leistung zu verweigern.

(2) Das zur Befriedigung eines verjahrten Anspruchs Geleistete kann nicht zurückgefordert werden, auch wenn in Unkenntnis der Verjährung geleistet worden ist. Das Gleiche gilt von einem vertragsmäßigen Anerkenntnis sowie einer Sicherheitsleistung des Schuldners.

§ 270 Zahlungsort

(1) Geld hat der Schuldner im Zweifel auf seine Gefahr und seine Kosten dem Gläubiger an dessen Wohnsitz zu übermitteln.

(2) Ist die Forderung im Gewerbebetrieb des Gläubigers entstanden, so tritt, wenn der Gläubiger seine gewerbliche Niederlassung an einem anderen Ort hat, der Ort der Niederlassung an die Stelle des Wohnsitzes.

(3) Erhöhen sich infolge einer nach der Entstehung des Schuldverhältnisses eintretenden Änderung des Wohnsitzes oder der gewerblichen Niederlassung des Gläubigers die Kosten oder die Gefahr der Übermittlung, so hat der Gläubiger im ersteren Falle die Mehrkosten, im letzteren Falle die Gefahr zu tragen.

(4) Die Vorschriften über den Leistungsort bleiben unberührt.

§ 271 Leistungszeit

(1) Ist eine Zeit für die Leistung weder bestimmt noch aus den Umständen zu entnehmen, so kann der Gläubiger die Leistung sofort verlangen, der Schuldner sie sofort bewirken.

(2) Ist eine Zeit bestimmt, so ist im Zweifel anzunehmen, dass der Gläubiger die Leistung nicht vor dieser Zeit verlangen, der Schuldner aber sie vorher bewirken kann.

§ 271a Vereinbarungen über Zahlungs-, Überprüfungs- oder Abnahmefristen

(1) Eine Vereinbarung, nach der der Gläubiger die Erfüllung einer Entgeltforderung erst nach mehr als 60 Tagen nach Empfang der Gegenleistung verlangen kann, ist nur wirksam, wenn sie ausdrücklich getroffen und im Hinblick auf die Belange des Gläubigers nicht grob unbillig ist. Geht dem Schuldner nach Empfang der Gegenleistung eine Rechnung oder gleichwertige Zahlungsaufstellung zu, tritt der Zeitpunkt des Zugangs dieser Rechnung oder Zahlungsaufstellung an die Stelle des in Satz 1 genannten Zeitpunkts des Empfangs der Gegenleistung. Es wird bis zum Beweis eines anderen Zeitpunkts vermutet, dass der Zeitpunkt des Zugangs der Rechnung oder Zahlungsaufstellung auf den Zeitpunkt des Empfangs der Gegenleistung fällt; hat der Gläubiger einen späteren Zeitpunkt benannt, so tritt dieser an die Stelle des Zeitpunkts des Empfangs der Gegenleistung.

(2) Ist der Schuldner ein öffentlicher Auftraggeber im Sinne von § 98 Nummer 1 bis 3 des Gesetzes gegen Wettbewerbsbeschränkungen, so ist abweichend von Absatz 1

1. eine Vereinbarung, nach der der Gläubiger die Erfüllung einer Entgeltforderung erst nach mehr als 30 Tagen nach Empfang der Gegenleistung verlangen kann, nur wirksam, wenn die Vereinbarung ausdrücklich getroffen und aufgrund der besonderen Natur oder der Merkmale des Schuldverhältnisses sachlich gerechtfertigt ist;

2. eine Vereinbarung, nach der der Gläubiger die Erfüllung einer Entgeltforderung erst nach mehr als 60 Tagen nach Empfang der Gegenleistung verlangen kann, unwirksam

Absatz 1 Satz 2 und 3 ist entsprechend anzuwenden.

(3) Ist eine Entgeltforderung erst nach Überprüfung oder Abnahme der Gegenleistung zu erfüllen, so ist eine Vereinbarung, nach der die Zeit für die Überprüfung oder Abnahme der Gegenleistung mehr als 30 Tage nach Empfang der Gegenleistung beträgt, nur wirksam, wenn sie ausdrücklich getroffen und im Hinblick auf die Belange des Gläubigers nicht grob unbillig ist.

(4) Ist eine Vereinbarung nach den Absätzen 1 bis 3 unwirksam, bleibt der Vertrag im Übrigen wirksam.

(5) Die Absätze 1 bis 3 sind nicht anzuwenden auf

1. die Vereinbarung von Abschlagszahlungen und sonstigen Ratenzahlungen sowie

2. ein Schuldverhältnis, aus dem ein Verbraucher die Erfüllung der Entgeltforderung schuldet.

(6) Die Absätze 1 bis 3 lassen sonstige Vorschriften, aus denen sich Beschränkungen für Vereinbarungen über Zahlungs-, Überprüfungs- oder Abnahmefristen ergeben, unberührt.

§ 280 Schadensersatz wegen Pflichtverletzung

(1) Verletzt der Schuldner eine Pflicht aus dem Schuldverhältnis, so kann der Gläubiger Ersatz des hierdurch entstehenden Schadens verlangen. Dies gilt nicht, wenn der Schuldner die Pflichtverletzung nicht zu vertreten hat.

(2) Schadensersatz wegen Verzögerung der Leistung kann der Gläubiger nur unter der zusätzlichen Voraussetzung des § 286 verlangen.

(3) Schadensersatz statt der Leistung kann der Gläubiger nur unter den zusätzlichen Voraussetzungen des § 281, des § 282 oder des § 283 verlangen.

§ 286 Verzug des Schuldners[2]

(1) Leistet der Schuldner auf eine Mahnung des Gläubigers nicht, die nach dem Eintritt der Fälligkeit erfolgt, so kommt er durch die Mahnung in Verzug. Der Mahnung stehen die Erhebung der Klage auf die Leistung sowie die Zustellung eines Mahnbescheids im Mahnverfahren gleich.

(2) Der Mahnung bedarf es nicht, wenn

1. für die Leistung eine Zeit nach dem Kalender bestimmt ist,

---

[2] **Amtlicher Hinweis zu § 286:** Diese Vorschrift dient zum Teil auch der Umsetzung der Richtlinie 2000/35/EG des Europäischen Parlaments und des Rates vom 29. Juni 2000 zur Bekämpfung von Zahlungsverzug im Geschäftsverkehr (ABl. EG Nr. L 200 S. 35).

2. der Leistung ein Ereignis vorauszugehen hat und eine angemessene Zeit für die Leistung in der Weise bestimmt ist, dass sie sich von dem Ereignis an nach dem Kalender berechnen lässt,

3. der Schuldner die Leistung ernsthaft und endgültig verweigert,

4. aus besonderen Gründen unter Abwägung der beiderseitigen Interessen der sofortige Eintritt des Verzugs gerechtfertigt ist.

(3) Der Schuldner einer Entgeltforderung kommt spätestens in Verzug, wenn er nicht innerhalb von 30 Tagen nach Fälligkeit und Zugang einer Rechnung oder gleichwertigen Zahlungsaufstellung leistet; dies gilt gegenüber einem Schuldner, der Verbraucher ist, nur, wenn auf diese Folgen in der Rechnung oder Zahlungsaufstellung besonders hingewiesen worden ist. Wenn der Zeitpunkt des Zugangs der Rechnung oder Zahlungsaufstellung unsicher ist, kommt der Schuldner, der nicht Verbraucher ist, spätestens 30 Tage nach Fälligkeit und Empfang der Gegenleistung in Verzug.

(4) Der Schuldner kommt nicht in Verzug, solange die Leistung infolge eines Umstands unterbleibt, den er nicht zu vertreten hat.

(5) Für eine von den Absätzen 1 bis 3 abweichende Vereinbarung über den Eintritt des Verzugs gilt § 271a Absatz 1 bis 5 entsprechend.

§ 288 Verzugszinsen und sonstiger Verzugsschaden[3]

(1) Eine Geldschuld ist während des Verzugs zu verzinsen. Der Verzugszins beträgt für das Jahr fünf Prozentpunkte über dem Basiszinssatz.

(2) Bei Rechtsgeschäften, an denen ein Verbraucher nicht beteiligt ist, beträgt der Zinssatz für Entgeltforderungen neun Prozentpunkte über dem Basiszinssatz.

(3) Der Gläubiger kann aus einem anderen Rechtsgrund höhere Zinsen verlangen.

(4) Die Geltendmachung eines weiteren Schadens ist nicht ausgeschlossen.

(5) Der Gläubiger einer Entgeltforderung hat bei Verzug des Schuldners, wenn dieser kein Verbraucher ist, außerdem einen Anspruch auf Zahlung einer Pauschale in Höhe von 40 Euro. Dies gilt auch, wenn es sich bei der Entgeltforderung um eine Abschlagszahlung oder sonstige Ratenzahlung handelt. Die Pauschale nach Satz 1 ist auf einen geschuldeten Schadensersatz anzurechnen, soweit der Schaden in Kosten der Rechtsverfolgung begründet ist.

---

[3] **Amtlicher Hinweis zu § 288:** Diese Vorschrift dient zum Teil auch der Umsetzung der Richtlinie 2000/35/EG des Europäischen Parlaments und des Rates vom 29. Juni 2000 zur Bekämpfung von Zahlungsverzug im Geschäftsverkehr (ABl. EG Nr. L 200 S. 35).

(6) Eine im Voraus getroffene Vereinbarung, die den Anspruch des Gläubigers einer Entgeltforderung auf Verzugszinsen ausschließt, ist unwirksam. Gleiches gilt für eine Vereinbarung, die diesen Anspruch beschränkt oder den Anspruch des Gläubigers einer Entgeltforderung auf die Pauschale nach Absatz 5 oder auf Ersatz des Schadens, der in Kosten der Rechtsverfolgung begründet ist, ausschließt oder beschränkt, wenn sie im Hinblick auf die Belange des Gläubigers grob unbillig ist. Eine Vereinbarung über den Ausschluss der Pauschale nach Absatz 5 oder des Ersatzes des Schadens, der in Kosten der Rechtsverfolgung begründet ist, ist im Zweifel als grob unbillig anzusehen. Die Sätze 1 bis 3 sind nicht anzuwenden, wenn sich der Anspruch gegen einen Verbraucher richtet.

§ 308 Klauselverbote mit Wertungsmöglichkeit

In Allgemeinen Geschäftsbedingungen ist insbesondere unwirksam

1. (Annahme- und Leistungsfrist)
   eine Bestimmung, durch die sich der Verwender unangemessen lange oder nicht hinreichend bestimmte Fristen für die Annahme oder Ablehnung eines Angebots oder die Erbringung einer Leistung vorbehält; ausgenommen hiervon ist der Vorbehalt, erst nach Ablauf der Widerrufsfrist nach § 355 Absatz 1 und 2 zu leisten;

1a. (Zahlungsfrist)
   eine Bestimmung, durch die sich der Verwender eine unangemessen lange Zeit für die Erfüllung einer Entgeltforderung des Vertragspartners vorbehält; ist der Verwender kein Verbraucher, ist im Zweifel anzunehmen, dass eine Zeit von mehr als 30 Tagen nach Empfang der Gegenleistung oder, wenn dem Schuldner nach Empfang der Gegenleistung eine Rechnung oder gleichwertige Zahlungsaufstellung zugeht, von mehr als 30 Tagen nach Zugang dieser Rechnung oder Zahlungsaufstellung unangemessen lang ist;

1b. (Überprüfungs- und Abnahmefrist)
   eine Bestimmung, durch die sich der Verwender vorbehält, eine Entgeltforderung des Vertragspartners erst nach unangemessen langer Zeit für die Überprüfung oder Abnahme der Gegenleistung zu erfüllen; ist der Verwender kein Verbraucher, ist im Zweifel anzunehmen, dass eine Zeit von mehr als 15 Tagen nach Empfang der Gegenleistung unangemessen lang ist;

2. (Nachfrist)
   eine Bestimmung, durch die sich der Verwender für die von ihm zu bewirkende Leistung abweichend von Rechtsvorschriften eine unangemessen lange oder nicht hinreichend bestimmte Nachfrist vorbehält;

3. (Rücktrittsvorbehalt)
   die Vereinbarung eines Rechts des Verwenders, sich ohne sachlich gerechtfertigten und im Vertrag angegebenen Grund von seiner Leistungspflicht zu lösen; dies gilt nicht für Dauerschuldverhältnisse;

4. (Änderungsvorbehalt)
   die Vereinbarung eines Rechts des Verwenders, die versprochene Leistung zu ändern oder von ihr abzuweichen, wenn nicht die Vereinbarung der Änderung oder Abweichung unter Berücksichtigung der Interessen des Verwenders für den anderen Vertragsteil zumutbar ist;

5. (Fingierte Erklärungen)
   eine Bestimmung, wonach eine Erklärung des Vertragspartners des Verwenders bei Vornahme oder Unterlassung einer bestimmten Handlung als von ihm abgegeben oder nicht abgegeben gilt, es sei denn, dass

   a) dem Vertragspartner eine angemessene Frist zur Abgabe einer ausdrücklichen Erklärung eingeräumt ist und

   b) der Verwender sich verpflichtet, den Vertragspartner bei Beginn der Frist auf die vorgesehene Bedeutung seines Verhaltens besonders hinzuweisen;

6. (Fiktion des Zugangs)
   eine Bestimmung, die vorsieht, dass eine Erklärung des Verwenders von besonderer Bedeutung dem anderen Vertragsteil als zugegangen gilt;

7. (Abwicklung von Verträgen)
   eine Bestimmung, nach der der Verwender für den Fall, dass eine Vertragspartei vom Vertrag zurücktritt oder den Vertrag kündigt,

   a) eine unangemessen hohe Vergütung für die Nutzung oder den Gebrauch einer Sache oder eines Rechts oder für erbrachte Leistungen oder

   b) einen unangemessen hohen Ersatz von Aufwendungen verlangen kann;

8. (Nichtverfügbarkeit der Leistung)
   die nach Nummer 3 zulässige Vereinbarung eines Vorbehalts des Verwenders, sich von der Verpflichtung zur Erfüllung des Vertrags bei Nichtverfügbarkeit der Leistung zu lösen, wenn sich der Verwender nicht verpflichtet,

   a) den Vertragspartner unverzüglich über die Nichtverfügbarkeit zu informieren und

   b) Gegenleistungen des Vertragspartners unverzüglich zu erstatten.

§ 310 Anwendungsbereich

(1) § 305 Absatz 2 und 3, § 308 Nummer 1, 2 bis 8 und § 309 finden keine Anwendung auf Allgemeine Geschäftsbedingungen, die gegenüber einem Unternehmer, einer juristischen Person des öffentlichen Rechts oder einem öffentlich-rechtlichen Sondervermögen verwendet werden. § 307 Abs. 1 und 2 findet in den Fällen des Satzes 1 auch insoweit Anwendung, als dies zur Unwirksamkeit von in § 308 Nummer 1, 2 bis 8 und § 309 genannten Vertragsbestimmungen führt; auf die im Handelsverkehr geltenden Gewohnheiten und Gebräuche ist angemessen Rücksicht zu nehmen. In den Fällen des Satzes 1 finden § 307 Absatz 1 und 2 sowie § 308 Nummer 1a und 1b auf Verträge, in die die Vergabe- und Vertragsordnung für Bauleistungen Teil B (VOB/B) in der jeweils zum Zeitpunkt des Vertragsschlusses geltenden Fassung ohne inhaltliche Abweichungen insgesamt einbezogen ist, in Bezug auf eine Inhaltskontrolle einzelner Bestimmungen keine Anwendung.

(2) Die §§ 308 und 309 finden keine Anwendung auf Verträge der Elektrizitäts-, Gas-, Fernwärme- und Wasserversorgungsunternehmen über die Versorgung von Sonderabnehmern mit elektrischer Energie, Gas, Fernwärme und Wasser aus dem Versorgungsnetz, soweit die Versorgungsbedingungen nicht zum Nachteil der Abnehmer von Verordnungen über Allgemeine Bedingungen für die Versorgung von Tarifkunden mit elektrischer Energie, Gas, Fernwärme und Wasser abweichen. Satz 1 gilt entsprechend für Verträge über die Entsorgung von Abwasser.

(3) Bei Verträgen zwischen einem Unternehmer und einem Verbraucher (Verbraucherverträge) finden die Vorschriften dieses Abschnitts mit folgenden Maßgaben Anwendung:

1. Allgemeine Geschäftsbedingungen gelten als vom Unternehmer gestellt, es sei denn, dass sie durch den Verbraucher in den Vertrag eingeführt wurden.

2. § 305c Abs. 2 und die §§ 306 und 307 bis 309 dieses Gesetzes sowie Artikel 46b des Einführungsgesetzes zum Bürgerlichen Gesetzbuche finden auf vorformulierte Vertragsbedingungen auch dann Anwendung, wenn diese nur zur einmaligen Verwendung bestimmt sind und soweit der Verbraucher auf Grund der Vorformulierung auf ihren Inhalt keinen Einfluss nehmen konnte;

3. bei der Beurteilung der unangemessenen Benachteiligung nach § 307 Abs. 1 und 2 sind auch die den Vertragsschluss begleitenden Umstände zu berücksichtigen.

(4) Dieser Abschnitt findet keine Anwendung bei Verträgen auf dem Gebiet des Erb-, Familien- und Gesellschaftsrechts sowie auf Tarifverträge, Betriebs- und Dienstvereinbarungen. Bei der Anwendung von Arbeitsverträgen sind die im Arbeitsrecht geltenden Besonderheiten angemessen zu berücksichtigen; § 305 Abs. 2 und 3 ist nicht anzuwenden. Tarifverträge, Betriebs- und Dienstvereinbarungen stehen Rechtsvorschriften im Sinne von § 307 Abs. 3 gleich.

FSC
www.fsc.org
MIX
Papier | Fördert
gute Waldnutzung
FSC® C083411

Zeitfracht Medien GmbH
Ferdinand-Jühlke-Straße 7
99095 Erfurt, Deutschland
produktsicherheit@kolibri360.de